LE

PARTI LIBÉRAL

SON PROGRAMME

ET SON AVENIR

OUVRAGES DU MÊME AUTEUR

PUBLIÉS DANS LA BIBLIOTHÈQUE-CHARPENTIER

à 3 fr. 50 le volume

PARIS EN AMÉRIQUE, 27e édition. . . . . 1 vol.

LE PRINCE-CANICHE, 16e édition. . . . . 1 vol.

ABDALLAH, ou le Trèfle à quatre feuilles, suivi de AZIZ ET AZIZA. 4e édition, ornée du *portrait de l'auteur*. . . . . 1 vol.

SOUVENIRS D'UN VOYAGEUR. Nouvelles. 4e édition. . . . . 1 vol.

CONTES BLEUS (Yvon et Finette. — La bonne femme. — Poucinet. — Contes bohêmes. — Les trois citrons. — Pif paf, ou l'art de gouverner les hommes). 4e édition. . . . . 1 vol.

L'ÉTAT ET SES LIMITES. 5e édition . . . . 1 vol.

LA LIBERTÉ RELIGIEUSE. 4e édition. . . . . 1 vol.

ÉTUDES MORALES ET POLITIQUES, 4e édition . . . . 1 vol.

ÉTUDES SUR L'ALLEMAGNE CONTEMPORAINE ET LES PAYS SLAVES, 3e édition. . . . . 1 vol.

HISTOIRE DES ÉTATS-UNIS D'AMÉRIQUE, depuis les premiers essais de la colonisation jusqu'à l'adoption de la constitution fédérale (1620-1789). 4e édition.. . . . . 3 vol.

DISCOURS POPULAIRES (Droit de réunion. — Éducation. — Bibliothèques, etc.), suivis d'une *Rhétorique populaire*. 3e édition. . 1 vol.

Sous presse

QUESTIONS CONSTITUTIONNELLES . . . . 1 vol.

HISTOIRE DE L'ASSEMBLÉE CONSTITUANTE. . . . . 2 vol.

Paris. — Imp. Viéville et Capiomont, rue des Poitevins. 6.

LE PARTI
LIBÉRAL

SON PROGRAMME

ET SON AVENIR

PAR ÉDOUARD LABOULAYE

DE L'INSTITUT

> Le meilleur gouvernement est celui qu apprend aux hommes à se gouverner eux-mêmes. GŒTHE.

HUITIÈME ÉDITION

revue et augmentée

PARIS

CHARPENTIER ET Cie, LIBRAIRES-ÉDITEURS

28, QUAI DU LOUVRE

1871

PRÉFACE

DE LA HUITIÈME ÉDITION.

Tout change si brusquement en France que les écrits politiques y vieillissent plus vite que les almanachs. Vous parlez sous l'Empire; vous défendez les droits imprescriptibles des citoyens contre les prétentions excessives d'un prince élu par le suffrage universel, et qui, à l'exemple des Césars, se considère comme le premier et le seul représentant de la nation; au moment où l'opinion revient aux idées que vous exposez, où une nouvelle loi politique rétablit le régime constitutionnel, tout à coup le gouvernement s'effondre; vous voilà en plein courant révolutionnaire. C'est l'indépendance du pouvoir exécutif ou du pouvoir judiciaire qu'il vous faut soutenir contre un parti qui prend l'anarchie pour la liberté. Hier on vous regardait comme un révolutionnaire, aujourd'hui peu s'en faut qu'on ne crie à la réaction; et cependant vous n'avez pas quitté votre poste de combat. Toujours fidèle au drapeau constitutionnel, vous défendez le pouvoir contre l'abus de la liberté, de même façon que vous défendiez la liberté contre les usurpations du pouvoir.

Quand on est jeune, l'âme se trouble quelquefois au milieu de ces orages; on en vient à douter de la science et de soi-même; mais quand on a vécu longtemps, et traversé plus d'une révolution, on ne s'effraye pas de la tempête; on attend avec confiance le retour du calme et de la raison. Les principes sont une boussole qui ne varie point. Les vérités, conquises par l'expérience, et sur lesquelles repose l'édifice constitutionnel, ne perdent rien de leur force, parce qu'une révolution change le titre du gouvernement. En république comme en monarchie, Benjamin Constant, madame de Staël, Royer-Collard, le duc de Broglie, Tocqueville, sont toujours les maîtres que consulte et que suit un ami de la liberté. Certaines institutions vieillissent ou se transforment, la démocratie a de nouvelles exigences; mais le fond des choses reste le même. Pour que la République puisse durer il faut qu'elle garantisse les droits, la propriété, la sécurité et la liberté des citoyens; elle ne peut le faire qu'en adoptant un régime politique, organisé de telle sorte que la réflexion, la raison, la modération l'emportent sur l'instinct, la passion, la violence. Ce régime depuis longtemps éprouvé en Angleterre, en Hollande, en Belgique, en Suisse, aux États-Unis, c'est le régime constitutionnel. Il est dangereux, il est puéril de se lancer dans l'inconnu, et de chercher des combinaisons nouvelles, quand on a la solution sous la main.

Voilà pourquoi j'espère que, malgré sa date, mon petit livre pourra encore intéresser et instruire plus d'un lecteur. Écrit en 1863, au moment où l'Empire était à l'apogée de la toute-puissance, il annonçait pour 1869 le réveil et la victoire des idées libérales. Les événements ont justifié cette prophétie, qui, à l'origine, avait scandalisé plus d'un incrédule; la Constitution plébiscitaire de 1870 me donnait raison sur les points essentiels; le reste n'était plus qu'une affaire de temps. Aujourd'hui que, suivant l'usage, on a fait table rase, nous recommençons à agiter les mêmes problèmes; il ne nous est donc pas moins nécessaire d'étudier à nouveau les conditions de la liberté. Gardons-nous de croire que tout soit résolu parce que nous avons le règne d'une Assemblée, élue par le suffrage universel. C'est une des plus grandes erreurs de la révolution que de confondre les droits des citoyens et le pouvoir du peuple, la liberté et la souveraineté. Il n'est pas vrai qu'un peuple soit libre parce qu'il choisit ses maîtres, ni parce qu'il charge une Assemblée de le gouverner, ou de lui constituer un gouvernement. La Convention aurait dû nous apprendre qu'il y a d'autres tyrannies que celles d'un roi ou d'un empereur. Dès que vous remettez tous les pouvoirs dans les mêmes mains il n'y a plus de liberté, ou du moins il n'y a plus qu'une liberté précaire, qui dépend de la sagesse ou du bon vouloir de quelques hommes. Il suffit d'un caprice pour tout bouleverser. Voilà pourquoi, toujours ennemi du pouvoir absolu, quelle qu'en soit la forme ou le nom, le vrai libéral, le véritable ami du peuple, est celui qui défend les droits de l'individu et les droits de la société contre les envahissements de l'État. Si la République, qu'on nous promet, est sincèrement libérale, mon programme sera le sien, car il n'est que le résumé des principes de l'école constitutionnelle ; si la République verse dans l'ornière de la révolution, si elle n'est que le règne d'un parti, ce programme, rédigé sous l'Empire, restera comme une leçon et un avertissement pour tous ceux qui ne se payent pas de mots, et qui veulent la substance même de la liberté.

Pour être juste avec tout le monde, et surtout avec les vaincus, j'ai indiqué en note les réformes qui ont donné satisfaction à mes réclamations, réformes faites par l'Empire ou par le Gouvernement de la défense nationale. Ces réformes sont nombreuses, et toutes ont été faites dans le sens que j'avais indiqué. Comme je ne suis pas sorcier, et que je n'ai aucune prétention à l'être, il faudra bien admettre que si j'ai prévu l'avenir, c'est qu'il y a une science politique, science fondée sur l'observation, et qui peut indiquer la direction que prendront les idées et les institutions d'un peuple presque aussi sûrement qu'un navigateur peut calculer la marche de son vaisseau sur la force du vent.

De ce côté, le programme que contient mon livre est plus curieux aujourd'hui qu'en 1863. Ce qui n'était qu'une prévision est devenu une réalité. Sans trop de présomption, il m'est permis de croire qu'on ira jusqu'au bout et qu'on finira par adopter tous les principes constitutionnels. Du moins en ai-je l'espérance. Dans l'accablement où nous sommes tombés, les théories révolutionnaires et les rêves socialistes ont perdu beaucoup de leur séduction; les apologistes et les imitateurs de la Convention n'ont pas sauvé la France; les gens de la Commune ont déshonoré leur cause et achevé la ruine de Paris. Il faudra plus d'un jour pour que des générations nouvelles et ignorantes se laissent prendre à des systèmes qui n'ont enfanté que le crime et la misère. En ce moment la France cherche d'où lui viendra le salut. S'il reste quelque étincelle de vie politique dans notre malheureux pays, si nous ne sommes pas tombés assez bas pour désespérer de l'avenir, il faut que le parti libéral se montre et qu'il agisse. Lui seul n'a point été entamé par nos désastres; lui seul peut relever un peuple affolé et qui ne croit plus à rien; lui seul peut nous rendre la confiance et la force que nous avons perdues. Ce sont les constitutionnels qui ont fait la grandeur de la Restauration et ressuscité la France, écrasée par l'invasion. Inspirons-nous de ce noble exemple. Laissons de côté nos divisions et nos querelles; au lieu de nous épuiser en stériles récriminations, réunissons-nous sous ce drapeau réparateur, et puissions-nous enfin, sous le nom République, établir ce gouvernement constitutionnel qui seul assure le règne de la justice et de la liberté.

Glatigny-Versailles, 10 octobre 1871.

PRÉFACE

DE LA PREMIÈRE ÉDITION.

En écrivant les pages suivantes, je n'ai pas eu la prétention d'offrir au public le programme officiel du parti libéral. Ce parti qui se forme peu à peu, mais qui grossit tous les jours, n'est pas une petite secte étroitement attachée à la lettre d'un symbole, c'est une Église universelle où il y a place pour quiconque croit à la liberté et veut en jouir. J'ai voulu seulement exposer quelles sont les conditions de la liberté civile, sociale et politique chez tous les peuples constitutionnels. En France, on parle beaucoup de la liberté, mais on n'en use guère; peut-être verra-t-on avec quelque intérêt ce que font les peuples qui en parlent moins mais qui en vivent.

Dans ce petit volume, on ne trouvera pas davantage un nouveau système de politique. Il n'y a ici ni théorie ingénieuse, ni séduisante utopie; je n'ai pas l'ambition de refaire l'humanité. J'ai simplement réuni les leçons de l'expérience; j'ai dit comment les Anglais, les Américains, les Hollandais, les Belges et les Suisses entendent et pratiquent la liberté. Au fond, tout se réduit à deux conditions: laisser à l'individu la pleine jouissance de ses facultés, garantir ce plein exercice par des institutions qui empêchent, en les punissant, l'usurpation, l'injustice et la violence.

Ces institutions éprouvées qui ont fait la gloire et la grandeur de nos voisins, la France les a toujours désirées depuis soixante-quinze ans; mais, chose triste à dire, dix fois ses efforts ont été trompés et ses espérances perdues. Aujourd'hui, comme sous le premier Empire, comme aux premiers jours de la Restauration, on nous déclare que la France se laisse égarer par de vaines chimères, et que la liberté ne lui convient pas. C'est au nom de la tradition, ou du génie français, ou de l'unité, ou de l'ordre public, qu'on repousse des changements nécessaires, un progrès pacifique et fécond. Malgré leur long usage et leur aspect vénérable, ces arguments ont le tort de ne rien prouver. C'est une arme à deux tranchants; on peut s'en servir pour repousser également et le bien et le mal. Devant une Chambre ignorante ou sans énergie, un ministre peut en tirer des effets de tribune; mais voilà tout. Ce sont des sophismes, ce ne sont pas des raisons.

La tradition est sans doute chose respectable, mais en France nous en avons deux, une tradition de servitude, une tradition de liberté. Pourquoi la révolution de 1789 s'est-elle faite, sinon pour anéantir et les priviléges et cette administration qui étouffait toute indépendance civile et toute influence politique? Qu'est-ce que les principes de 1789, ces principes dont on fait la décoration officielle de toutes les chartes, sinon une énergique revendication des droits de l'individu et des droits de la nation[1]? Soixante-quinze ans de luttes et de souffrances pour conquérir la liberté, voilà notre tradition! Elle est plus sacrée que celle de cet ancien régime, qui n'a laissé dans la mémoire des peuples que d'assez tristes souvenirs.

On nous dit d'un ton cavalier que la liberté n'est bonne que pour les Anglais, et que le génie français la repousse. Qu'en sait-on? Qui donc a qualité pour confisquer nos droits et nous condamner à une éternelle minorité? Quand donc la France a-t-elle été en pleine possession de ces libertés qu'elle a toujours réclamées? A quelle époque l'administration a-t-elle cessé de nous protéger? Quand a-t-il été permis à toutes les Églises de s'ouvrir, à tous les maîtres d'enseigner, à tous les citoyens de se réunir ou de s'associer? Quand la presse a-t-elle été entièrement libre, sans avoir rien à démêler, ni avec la police ni avec le fisc? Quand la commune et la province ont-elles été maîtresses de leurs droits? Est-ce sous le Directoire, sous l'Empire, sous la Restauration? La monarchie de Juillet a plus fait pour la liberté qu'aucun autre gouvernement; c'est là sa gloire; mais a-t-elle affaibli ou fortifié la centralisation? Quand on nous parle de notre incapacité na-

1. Voy. l'*Appendice*, n° 1.

tionale, on abuse de notre ignorance. La liberté complète, franche, sincère, elle existe depuis longtemps en Hollande, en Suisse, en Angleterre, en Amérique ; mais en France, c'est une étrangère ; nous n'avons jamais eu que des demi-libertés. L'administration a toujours été de moitié dans nos droits. Dans ces conditions, l'expérience n'est pas faite ; il est permis de croire que les tuteurs qui s'effrayent de notre indépendance prennent trop de souci de notre sécurité. La France a proclamé sa majorité en 1789 ; il serait temps qu'on la mît enfin en possession de ses droits.

Quant à l'unité nationale, nous y tenons autant que personne ; nous avons peu de goût pour les fédérations. Mais l'unité nationale n'a rien de commun ni avec le pouvoir absolu, ni avec l'uniformité de la centralisation, ni avec l'arbitraire de l'administration. Il suffit d'ouvrir l'histoire pour y voir que les peuples les plus libres, et les moins centralisés, ont été aussi les plus puissants par leur unité. Quelle nation plus compacte, plus forte et plus libre que les Romains de la République? Et si l'antiquité nous paraît trop loin, regardons autour de nous. N'est-ce pas la liberté qui, malgré leur faiblesse, a permis aux Provinces-Unies de résister à l'Espagne, concentrée dans la main d'un maître ? Y a-t-il aujourd'hui un peuple plus uni, et cependant plus libre et moins administré, que les Écossais et les Anglais? Qu'est-ce que la guerre d'Amérique, poursuivie avec tant de ténacité et tant de courage, sinon le suprême effort d'un peuple libre qui sacrifie tout au maintien de l'unité? C'est dans les cœurs qu'est la véritable unité nationale, c'est la liberté qui l'enfante et qui la nourrit.

L'ordre public est un grand mot; mais quand on le sépare de la liberté, ce n'est qu'un autre nom de la force; et, en soi, la force n'a rien de respectable. L'ordre public, nous le voulons tous; le premier bien d'un peuple, la première condition de la vie civile, c'est la sécurité, Mais il y a deux façons d'entendre l'ordre public; c'est le règne des lois, ou c'est le règne des hommes. Dans les pays constitutionnels c'est la loi, protectrice de tous les droits, qui, par l'organe du magistrat, maintient la paix publique en réprimant la violence et la fraude. En d'autres États, c'est l'administration, c'est-à-dire un certain nombre de fonctionnaires, qui prévient le mal ou empêche le bien, en réglant, suivant sa sagesse, l'activité, je n'ose dire les droits des citoyens. Ce dernier système est un legs de la monarchie absolue, nous n'en voulons pas. Notre devise est: *Sub lege libertas*, la liberté sous l'égide des lois.

N'est-il pas temps d'en finir avec une politique vieillie, et qui depuis trois quarts de siècle n'a été qu'une cause de troubles et de malheurs? S'il est un fait visible, éclatant, qui s'impose à tous les yeux, c'est l'avénement de la démocratie. Non-seulement il n'y a plus en France ni Église établie, ni noblesse, ni corporations privilégiées, mais il n'y a plus ni bourgeois, ni paysans. Ce sont là de vieux noms de choses mortes depuis longtemps. Il n'y a aujourd'hui en France qu'un seul ordre et qu'un seul peuple ; nous sommes tous citoyens, et au même degré. A ce peuple qui vit de travail, il ne faut pas seulement la liberté de commerce, il faut une complète liberté. Liberté civile, afin que rien ne gêne l'activité de son esprit ni de ses bras ; liberté sociale, afin qu'il centuple par l'association son énergie physique, intellectuelle et morale ; liberté publique, afin que rien ne compromette sa sécurité et ne trouble le long avenir dont il a besoin. Le temps des monarchies paternelles est passé ; il est passé aussi le temps des conquêtes et des aventures ; le pouvoir n'est plus qu'une magistrature et une délégation populaire ; c'est la nation elle-même qui doit garder en ses mains le soin de ses destinées.

Cette démocratie, dont le flot monte sans cesse, beaucoup en ont peur : ils ne l'acceptent que par résignation. Moi, je l'aime ; j'y vois le triomphe de l'égalité et de la justice ; rien ne me paraît plus beau qu'une société où chacun est maître de ses droits et prend part au gouvernement. C'est l'avénement du peuple à plus de lumières, plus de vérité, plus de moralité et de bien-être ; c'est l'Évangile entrant dans la politique et en chassant le mensonge et le privilége, double cause d'oppression. Voilà pourquoi, comme citoyen et comme politique, j'attache tant de prix à l'éducation gratuite pour tous, accessible à tous. Des écoles, c'est l'œuvre la plus chrétienne et la plus patriotique qu'une société puisse aujourd'hui se proposer. C'est le bienfait et le triomphe de la civilisation. Je voudrais qu'en France, comme en Amérique, et dans la vie civile comme dans la vie militaire, chacun eût devant soi pleine carrière, et pût tout attendre de son talent, de son travail et de son courage. Franc jeu pour tous, *fair play*, disent les Américains; je voudrais que ce mot énergique entrât dans toutes les âmes et y portât l'espérance et l'ardeur.

On dira que je suis radical, on l'a déjà dit. Ce nom m'effraye si peu, que je l'accepte comme un éloge. Si c'est du radicalisme que de demander un gouvernement libre pour une société démocratique, je suis radical au dernier degré; tout autre régime me semble une chimère et un danger. Concilier la centralisation administrative, qui est la négation de la liberté, avec la liberté, qui est la négation de la centralisation, c'est pour moi une absurdité en théorie et une impossibilité en pratique. De ces deux forces, il faut nécessairement que l'une étouffe l'autre. La centralisation ne nous a fait que trop de mal; je crois que le tour de la liberté est venu. Elle est le besoin du siècle et du pays.

Ce qui toutefois me rassure sur mon radicalisme, c'est qu'il n'est menaçant pour personne. La liberté, je la désire pour les autres beaucoup plus que pour moi-même. Quand on n'est plus jeune, et qu'on a vécu dans la retraite et dans l'étude, on trouve toujours un coin où l'on peut lire et même écrire librement. Ce qui me touche, ce que je voudrais faire entrer dans nos lois et dans nos habitudes, c'est la liberté pour chacun et pour tous, la liberté, seule défense des minorités et des individus. Si trente fidèles veulent fonder une église ou une œuvre de charité, si vingt pères de famille veulent ouvrir une école, si un seul citoyen veut établir un journal pour y défendre, seul et contre tous, ce qu'il croit être la justice et la vérité, je demande que rien ne gêne cette énergie; je demande que chacun de nous, favorable ou non à ces entreprises, y reconnaisse le légitime exercice d'un droit sacré. C'est ainsi que j'entends la liberté. Si elle n'est pas le bien et la chose du moindre paysan, du plus obscur ouvrier, elle est le privilége, elle n'est plus la liberté. Voilà mon radicalisme; c'est une maladie si peu dangereuse, que je la souhaite à tous les Français. Ce sera le vaccin du communisme, du socialisme, du jacobinisme et de tous les fléaux en *isme*, qui nous affligent depuis soixante dix-ans.

En discutant franchement les questions politiques qui commencent à occuper l'opinion, je crois faire acte de bon citoyen. Le sage Daunou disait que *la meilleure constitution est celle qu'on a, pourvu qu'on s'en serve;* c'est aussi mon avis. Montrer comment on peut entendre dans un sens libéral, et, au besoin, comment on peut améliorer la constitution de 1852, c'est à la fois servir le pays et le gouvernement. J'ai fait de mon mieux, sans me dissimuler que mon travail est loin d'être complet; j'appelle à mon aide tous ceux qui ont dans le cœur l'amour de la France et l'amour de la liberté.

L'instant est solennel; nous sommes dans une situation qui ne se présente pas deux fois sous un règne; il serait fâcheux pour tout le monde qu'on laissât échapper une occasion qui ne reviendra pas.

Quand un nouveau gouvernement s'installe à la suite d'une révolution, on ne lui demande d'abord que l'ordre et la paix dans la rue. Qu'il donne la sécurité, on ne lui marchande ni la puissance, ni même, hélas! l'arbitraire. Tout lui est permis, tout lui est facile. Il n'y a ni résistance, ni opposition. Les dissidents sont maudits comme des séditieux. Mais cette obéissance absolue, cette démission d'un peuple est chose passagère. Une fois l'ordre établi, et les intérêts rassurés, le pays redemande la liberté. C'est là une crise inévitable; nous en approchons.

En pareil cas, tout gouvernement se trouve placé entre deux forces contraires qui le tirent chacune en sens opposé. D'un côté sont les hommes qui s'attachent au passé, et qui ne voient de salut que dans la résistance et l'immobilité. Tout refuser, c'est leur système; ne pas bouger, c'est leur façon d'entendre le progrès. De l'autre côté sont les hommes qui regardent l'avenir et qui invitent le pouvoir à marcher avec l'opinion, à diriger le mouvement. Donner à pleines mains la liberté, ne craindre ni le peuple, ni la popularité, c'est leur devise. Leur espoir ou leur rêve, c'est d'unir dans un commun effort le prince et le pays.

C'est entre ces deux politiques qu'il faut choisir;

et le parti qu'on prend est décisif. Une fois engagé dans la résistance, on ne revient guère sur ses pas; car les exigences de l'opinion grandissent, et on met son point d'honneur à ne point céder. C'est ce qu'a fait la Restauration; c'est par là qu'elle a péri. Il est vrai qu'en s'engageant avec l'opinion, il faut marcher avec elle, et aller plus loin peut-être qu'on ne voulait d'abord; mais du moins a-t-on pour soutien la confiance d'un grand peuple et l'exemple de tant de princes heureux et puissants par la liberté.

Je n'ai pas besoin de dire quelle est à mes yeux la seule politique qui soit bonne; cette politique, elle est écrite dans l'histoire de nos soixante-quinze dernières années. Monarchie, Assemblées, République, Empire, Royauté légitime ou quasi-légitime, tout est tombé; une seule chose est restée debout : les principes de 1789. N'y a-t-il pas là un enseignement suprême? Ne comprend-on pas qu'au milieu de toutes ces ruines, ni les idées, ni la foi, ni l'amour de la France n'ont changé. C'est pour la liberté que nos pères ont fait en 1789 une révolution qui dure encore; elle ne s'achèvera que par la liberté.

Versailles, 5 novembre 1863.

LE

PARTI LIBÉRAL

SON PROGRAMME

ET SON AVENIR

PREMIÈRE PARTIE

I

QU'EST-CE QUE LE PARTI LIBÉRAL?

Les élections de 1863 ont surpris les politiques habiles qui croyaient en avoir fini avec la liberté; j'oserai dire qu'elles ne m'ont pas trop étonné : il y a longtemps que j'annonce la formation d'un parti libéral, longtemps que j'en appelle et que, dans la mesure de mes forces, j'en sers l'avénement. Nous vivons dans un pays où il ne faut jamais désespérer de l'avenir.

Au lendemain d'une révolution qui ne s'est pas faite au nom de la liberté, il n'y avait pas besoin d'être prophète pour prédire que dix ans ne se passeraient pas, sans que reparût à l'horizon la liberté, plus belle et plus séduisante que jamais. Depuis 1789, combien de fois n'a-t-on pas proclamé que la France, corrigée de ses folles erreurs, repoussait avec mépris les idées de la Révolution, et combien de fois la France, donnant un démenti à de prétendus hommes d'État, n'est-elle pas revenue à la liberté avec un amour indomptable? Elle y est revenue après la chute de Robespierre, et, sans les bassesses et les crimes du Directoire, rien n'eût empêché la constitution de l'an III de s'établir; elle y est revenue à la fin de l'empire, et Napoléon a été réduit à s'écrier que ce n'était pas la coalition des rois, mais les idées libérales qui le renversaient. Elle y est revenue après les fureurs de la Chambre introuvable; elle lui a tout sacrifié en 1830; elle l'aimait encore en 1851, malgré les misères et la guerre civile de 1848; elle voulait l'ordre, sans doute, mais elle ne demandait pas à le payer au prix de la liberté. La constitution de 1852 a été faite sous l'empire de préventions et de craintes qui n'ont profité ni au gouvernement, ni au pays: cette réaction n'était pas nécessaire; peut-être commence-t-on à le sentir aujourd'hui.

Qu'est-ce donc que ce parti libéral qui, en 1863 comme en 1795, comme en 1814, semble sortir de terre, et qui, dès le premier jour, est soutenu et poussé par l'opinion? Est-ce une coalition des vieux partis? Est-ce la résurrection des choses et des hommes qui sont tombés en 1830 et en 1848? Non, les peuples ne retournent pas en arrière, le passé ne recommence pas. Les dynasties déchues reviennent quelquefois, nous en avons plus d'un exemple dans notre histoire; mais quand elles remontent sur le trône, c'est qu'elles ont changé de drapeau; c'est qu'on leur a laissé le privilége et l'honneur de représenter la liberté. En 1814, Louis XVIII rentrait comme frère et héritier de Louis XVI; mais le passé était un fardeau qui l'écrasait; ce qui faisait sa force, c'était de ramener avec lui les principes de 1789. La Charte était le programme de l'ancien parti constitutionnel; Mounier, Malouet, Clermont-Tonnerre, Malesherbes, Mirabeau, l'auraient signé. Ce qui a relevé la dynastie impériale, ce sont sans doute des souvenirs de gloire et de grandeur nationale; mais ces souvenirs mêmes sont un danger. La France de 1863 ne veut ni la guerre universelle, ni le régime de la police, ni l'étouffement de l'opinion, ni le système continental. Ce qu'elle attend du nouvel Empire, c'est ce qu'on lui a promis à Bordeaux et ailleurs : c'est la paix, c'est le règne de la démocratie laborieuse et paisible, c'est le couronnement de l'édifice, c'est l'avénement d'une complète et féconde liberté.

Je reprends ma question. Qu'est-ce donc que le nouveau parti libéral? C'est un parti qui se forme peu à peu partout où une large liberté n'occupe pas l'activité des citoyens. Chaque fois que la France se jette aux extrêmes avec cette furie désespérée que nous avons héritée des Gaulois, nos ancêtres, il y a toujours un petit nombre d'hommes qui ne cède pas à l'entraînement de la foule, et qui reste fidèle au vieux drapeau. C'est autour de ces soldats d'arrière-garde que les fuyards se rallient, que les cœurs généreux se rassemblent. Chaque année y amène la jeunesse qui n'a ni les préjugés, ni les passions, ni les craintes de ses pères et qui, de nature, aime la liberté. Le noyau grossit; ce qui n'était qu'un bataillon devient une armée. La veille on le dédaignait et on l'insultait, le lendemain on compte avec lui. Nous en sommes là. Parmi ceux qui affectent de nier l'importance des élections de Paris, il n'en est pas un peut-être qui doute que dans six ans ce parti aura la France avec lui et sera la majorité. Y a-t-il là une menace de révolution? Pas le moins du monde; ce que demandent les libéraux est le commun profit de tous. On peut exécuter leur programme sans effrayer des intérêts légitimes, sans troubler la paix publique, sans affaiblir le gouvernement. N'est-ce pas tout au moins le premier germe d'une opposition qui, en grandissant, deviendra formidable? Oui et non; tout dépend de la politique que suivra le Pouvoir. Le nouveau libéralisme, formé des éléments les plus divers, se rattache, il est vrai, aux principes de 1789; mais comme parti politique, il n'a point de passé. Ce n'est pas lui qui a été vaincu en 1830, ni en 1848; il n'a ni regrets, ni souvenirs, ni arrière-pensées. Rien n'empêche le gouvernement de s'en proclamer le chef; aujourd'hui l'opinion n'en demande pas davantage. Dédaigné et repoussé, ce parti est un danger sans doute; accueilli et dirigé, c'est une force et un appui.

Essayons de tracer le nouveau programme libéral; on verra que rien n'est moins révolutionnaire. Ce qu'on demande, c'est la jouissance des libertés qui font la fortune et la grandeur des pays les plus moraux, les plus industrieux et les plus tranquilles. On n'est point un séditieux parce qu'on désire que la France ne le cède pas, je ne dis point seulement à l'Angleterre et aux États-Unis, mais à la Suisse, à la Belgique ou aux Pays-Bas.

Si ce programme paraissait un peu large et même un peu hardi à d'honnêtes gens qui auraient du goût pour les idées libérales, s'ils en avaient moins peur, je les prierais de considérer qu'en fait de liberté comme de religion, la première règle est de penser aux autres plus qu'à soi. Nous ne pouvons faire de nos désirs ni de nos convictions la mesure de tous les besoins et de toutes les croyances; nos droits ne sont respectables que parce que nous respectons les droits d'autrui. Les réformes que je réclame n'auront pas toutes la même importance aux yeux du lecteur, mais chacune a ses défenseurs ardents et convaincus; chacune part du même principe; chacune est juste au même titre et a droit de figurer sur un programme libéral. La liberté a ce grand avantage, qu'elle donne satisfaction à tout désir, à toute ambition légitime; c'est par là qu'elle réunit toutes les nobles âmes. Elle est comme un festin magnifique où, parmi de nombreux convives heureux de se trouver ensemble, chacun peut choisir le plat de son goût.

Il y a quarante ans que, d'un ton de prophète, M. Royer-Collard répétait à la France et au monde le mot célèbre de M. de Serre : *la démocratie coule à pleins bords*. Depuis lors le fleuve n'est point rentré dans son lit. Toute la question aujourd'hui, c'est d'organiser la démocratie ; non pas en l'emprisonnant dans des formes stériles, mais en brisant les liens qui l'enchaînent et en l'habituant à vivre de sa propre vie. Il y a deux espèces de démocratie : l'une qui suit et flatte un maître, et qui le lendemain l'abat et l'insulte ; celle-là c'est la démocratie des Césars, la démocratie ignorante et révolutionnaire, le règne de la foule, des appétits et des passions. L'autre est la démocratie chrétienne, éclairée, laborieuse, où chaque individu apprend dès l'enfance à se gouverner soi-même, et en se gouvernant apprend à respecter le droit de chacun, la loi protectrice des droits individuels, l'autorité gardienne de la loi. C'est cette démocratie qui a toute l'affection du parti libéral ; c'est celle-là qu'il prétend constituer.

Le problème est vaste, mais il est simple ; l'énoncé même en donne la solution. Si la vraie démocratie est celle qui remet à chaque citoyen le soin de sa conduite et de sa vie, le devoir du législateur est tracé. Assurer à l'individu l'entier développement, la pleine jouissance de ses facultés physiques, intellectuelles, religieuses et morales, écarter toute entrave et toute gêne, seconder le progrès général en multipliant les moyens d'éducation et en les mettant à la portée du plus ignorant et du plus pauvre : tel est le rôle de l'État ; je n'en connais pas de plus grand ni de plus glorieux. L'essayer est une noble entreprise, y réussir est le triomphe de la civilisation.

Est-ce une utopie? Non, la question est tranchée chez tous les peuples libres ; il ne reste à la France qu'à saisir la solution et à se l'approprier dans la mesure de son génie. Ce n'est point là une imitation servile et souvent dangereuse, c'est une œuvre originale et d'une grande portée. Ce qui distingue la France entre toutes les nations de la terre, ce n'est point la hardiesse et la nouveauté des inventions, c'est la forme parfaite qu'elle donne à tout ce qu'elle touche. C'est par là que notre littérature a toujours exercé une grande et légitime influence. Nous sommes un peuple de raisonneurs et d'artistes. Quand nous sommes dans le faux, nous allons à l'abîme avec une témérité qui éblouit jusqu'à nos rivaux mêmes ; mais quand nous sommes dans le vrai, nous tirons d'une idée tout ce qu'elle contient, et nous la rendons à la fois utile, brillante et populaire. Du jour où nous épouserons franchement la liberté, la révolution sera achevée, le monde entier appartiendra à la démocratie.

II

DES DEUX ESPÈCES DE LIBERTÉ.

Cherchons maintenant quelles sont les libertés qui nous manquent ou que nous ne possédons que de façon incomplète; en d'autres termes, voyons ce qui dans nos lois gêne le libre jeu de nos facultés, ce qui, sans profit pour personne, paralyse notre activité. Héritage de la vieille monarchie ou du despotisme administratif, ces lois n'ont plus de raison d'être dans une société impatiente de vivre; elles sont pour l'État un danger et une faiblesse, pour le pays une cause perpétuelle de souffrance et d'appauvrissement.

Ces libertés sont de deux sortes : les unes subsistent par elles-mêmes; c'est ce qu'on nomme aujourd'hui les libertés individuelles, sociales, municipales, etc.; les autres servent de garantie aux premières : ce sont les libertés politiques. Toutes sont nécessaires ; mais la marque du nouveau parti libéral, c'est d'avoir enfin compris que les libertés politiques ne sont rien par elles-mêmes, et que le peuple s'en lasse comme de formes vides et trompeuses, s'il n'y a pas derrière elles ces droits individuels et sociaux qui sont le fonds et la substance même de la liberté. C'est pour avoir méconnu cette vérité que, de 1814 à 1848, deux gouvernements, animés de bonnes intentions, n'ont pas réussi à enraciner dans les mœurs la liberté qui les eût sauvés.

III

DES LIBERTÉS INDIVIDUELLES.

Liberté *a*) de la personne; *b*) des actions; *c*) des biens.

La première en date de ces libertés, puisqu'elle est la condition de toutes les autres, c'est la liberté individuelle proprement dite, c'est-à-dire le droit qui appartient à tout homme de disposer comme il l'entend de sa personne et de ses biens, pourvu qu'il n'envahisse ni la personne ni les biens d'autrui. Cette liberté est complexe; elle comprend trois éléments qu'il est aisé de distinguer : la liberté corporelle, le libre jeu de notre activité intellectuelle, et enfin le libre emploi de la propriété et du capital qui sont le fruit de notre activité. En d'autres termes, nous avons à nous notre personne, notre travail et nos biens. Il est nécessaire d'insister sur cette triple division; car trop souvent le législateur s'imagine qu'il n'a plus rien à faire pour la liberté individuelle quand il n'en a rendu qu'un lambeau.

Entendue au premier sens, la liberté individuelle est pour tout citoyen non accusé le droit d'agir sans avoir rien à craindre de la police, et d'être maître dans sa maison, comme le baron féodal était roi dans son château. La loi veille à la porte du citoyen anglais, la justice seule a droit d'en franchir le seuil [1]. Pour l'accusé, la liberté individuelle est le droit d'être tenu pour innocent et respecté comme tel jusqu'à la condamnation. C'est, en outre, le droit d'être jugé par des magistrats inamovibles ou par le jury, en vertu de lois qui à l'avance ont défini le crime et réglé la procédure et la peine. Voilà les principes de 89, principes reconnus par toutes les constitutions modernes; mais qu'il y a loin de ces déclarations solennelles à la triste vérité des faits!

Dans un pays libre que doit être la police? L'auxiliaire et la servante de la justice; rien de plus. C'est la justice seule qui, hors le cas de flagrant délit, doit la mettre en mouvement. Chez nous, au contraire, la police n'est-elle pas un pou-

1. On se rappelle les paroles célèbres de Pitt, plus tard Lord Chatham: « Le plus pauvre homme dans sa chaumière « peut défier toutes les forces de la couronne. Le toit peut « s'effondrer, le vent peut arracher les fenêtres, la pluie peut « entrer, l'ouragan peut entrer; le roi d'Angleterre ne peut « pas entrer. La masure est ouverte par toutes ses ruines, « mais ces ruines la puissance royale ne peut les franchir. »

voir indépendant et irresponsable? Ne fait-elle pas pour son propre compte des perquisitions, des saisies, des arrestations? L'article 75 de la constitution de l'an VIII n'est-il pas un rempart qui met les agents de l'autorité à l'abri des plaintes les plus légitimes[1]? Quel recours le citoyen a-t-il contre les erreurs de l'administration? — Tout cela, dira-t-on, se fait en vertu de lois qui ne sont pas abrogées; prenez-vous-en à la République, au premier Empire, ou à la Restauration. — Soit : c'est de l'arbitraire légal; en est-ce moins de l'arbitraire? S'imagine-t-on que toutes les lois de violence et de peur qui sont entassées dans le *Bulletin des lois* à la honte des gouvernements qui les ont rendues et de ceux qui les conservent, puissent changer la nature des choses et les règles éternelles de l'équité? Qu'est-ce que le règne de la liberté, sinon le règne de la justice et de l'égalité? Dès qu'un homme est maître de faire arrêter qui bon lui semble par mesure de police, pour cause de salut public ou de sûreté générale, grands mots qui n'ont pour objet que de cacher la violation du droit commun, le gouvernement est arbitraire. Qu'im-

1. Ce fameux article, éternel rempart de l'arbitraire, a été enfin aboli par le gouvernement de la défense nationale; espérons qu'il ne sera jamais rétabli. (1871.)

porte la sagesse ou la modération du ministre, s'il peut à tout moment disposer de ma personne ? La liberté n'est pas seulement un fait, c'est un droit. On n'est pas libre quand on ne l'est que par la grâce et sous le bon plaisir d'autrui.

Notre Code d'instruction criminelle est un adoucissement de l'ordonnance de 1670, qui elle-même a modifié l'ordonnance de 1539 ; mais toutes ces altérations n'ont pu corriger le vice essentiel d'une procédure inquisitoriale empruntée aux plus mauvaises lois du despotisme romain. Tant qu'il est resté en France quelque débris du vieil esprit germanique, les formes criminelles ont ressemblé à celles de l'Angleterre. Dans nos anciennes coutumes, le noble, le bourgeois et le paysan même, est jugé publiquement et par ses pairs. Ce sont les Valois, ces princes tyranniques et détestables, qui ont imposé au pays l'odieuse procédure qui jusqu'à la Révolution a conservé le titre de *procédure extraordinaire*, tache originelle d'une institution étrangère au libre esprit français. Nous en avons chassé le secret de l'audience et la question ; nous y avons introduit la publicité, le jury, les circonstances atténuantes, trois excellentes choses, quoi qu'en disent des criminalistes passionnés, qui prennent la cruauté pour la justice ; mais, malgré tout, le principe de cette procédure est mauvais et contraire à la liberté. La loi anglaise, faite en vue du citoyen, voit dans l'accusé un innocent; la loi française, faite en vue de l'État, présume le crime et non pas l'innocence. C'est cette présomption qu'il faut renverser.

Qu'on ne m'oppose pas de belles paroles sur la sainteté de la justice et l'impassible vertu du magistrat : je connais d'Aguesseau, et j'ai lu plus d'un discours de rentrée; il ne s'agit point ici des mots, mais des choses. Si l'accusé est présumé innocent, pourquoi la prison préventive est-elle prodiguée? Pourquoi la liberté sous caution n'est-elle qu'une rare exception? En Angleterre, aux États-Unis, la liberté sous caution est de droit pour les délits; elle peut même être accordée en cas de crime. Est-il possible qu'en deux pays le même principe donne des résultats contraires?

Si le prévenu est présumé innocent, pourquoi le force-t-on de s'accuser lui-même? Qu'est-ce que le secret, sinon une torture physique et morale pour arracher de force un aveu? N'a-t-on pas vu la femme Doise se reconnaître coupable d'un parricide, qu'elle n'avait pas commis, afin d'échapper à un cachot meurtrier et de sauver l'enfant qu'elle portait dans son sein?

Qu'est-ce que ces interrogatoires multipliés, ces piéges, ces finesses dont certains magistrats ont la naïveté de se glorifier en cour d'assises? Si le prévenu est présumé innocent, d'où vient qu'à l'audience le ministère public, et quelquefois le président, le prend, avec lui et avec l'avocat, sur un ton de rigueur et de menace? D'où vient enfin que l'accusé n'est pas libre d'interroger à sa façon les témoins et de les mettre en contradiction avec eux-mêmes? S'il essaye de les démentir tandis qu'ils déposent, on lui répond d'ordinaire que c'est là de la discussion; on lui ferme la bouche au moment où de ses paroles peut dépendre son salut. En tout état de cause, c'est du bon vouloir d'un président que dépend la défense, qui cependant est de droit naturel, et qui doit primer tout le reste. Tout cela n'existe point chez les peuples libres. Le prévenu n'a point à craindre le secret; il n'est forcé ni de s'accuser ni de se justifier avant l'audience; le ministère public n'a pas plus de droit sur les témoins que n'en a le défenseur; enfin le président, impassible et muet, sans autre soin que celui de la police de l'audience, est reconnu par l'usage comme le protecteur naturel de l'accusé. On s'est bien gardé de le charger d'un résumé oratoire qui, si impartial que soit ou que veuille être le magistrat, a toujours le grave défaut d'enlever le dernier mot au prévenu et de lui ravir le privilége suprême de la faiblesse et de la misère, le droit d'attendrir ceux qui vont disposer de sa liberté, et peut-être de sa vie.

Qu'on ne voie pas dans ces paroles une critique de la magistrature française; rien n'est plus loin de ma pensée. Ce ne sont pas les hommes que j'attaque, ce sont les institutions. Je n'imagine pas qu'un juge anglais soit plus éclairé, plus sage ni plus respectable qu'un président de cour d'assises; mais le rôle que la loi attribue au magistrat n'est pas le même dans les deux pays. En France, le président représente l'État, intéressé à la punition du crime; en Angleterre, ce n'est qu'un arbitre placé entre l'accusation et la défense; son impartialité est absolue. De là, dans les deux pays, une façon toute différente d'entendre un même devoir; mais, selon moi, la vieille coutume d'Angleterre, issue des forêts de la Germanie, a mieux compris la sainteté de la justice que ne l'a fait la loi française, sortie d'une source empoisonnée.

Le gouvernement a senti le besoin d'une réforme criminelle; il faut l'encourager dans cette voie. C'est une bonne chose que d'abréger la prison préventive pour une foule de petits délits correctionnels, mais il ne faut pas en rester là. Nous avons plus d'un emprunt à faire à nos voisins, sans danger pour la paix publique et au grand profit de la liberté. La question pénitentiaire est à l'étude; c'est un problème de la plus haute importance. Il faudrait aussi s'occuper de la surveillance qui, en éternisant une faute expiée, prévient moins de crimes qu'elle n'en cause. Il faudrait enfin supprimer et au plus tôt la loi de sûreté générale; c'est une loi qui n'est plus de notre temps; je n'en dirai pas davantage.

Un autre élément de la liberté individuelle, c'est le libre emploi de notre activité. La reconnaissance de ce droit naturel est encore une des conquêtes de 1789. Jusque-là on ne doutait guère que le prince, père et tuteur de ses peuples, n'eût le devoir de les conduire; le meilleur roi était celui qui traitait ses sujets comme des enfants et leur laissait le moins de liberté. Ouvrez une histoire de France, vous y verrez tout au long l'éloge de Colbert, qui a, dit-on, fait naître le commerce et l'industrie en multipliant les corporations, les priviléges, les monopoles, les prohibitions; c'est-à-dire en donnant tout à quelques favoris, au préjudice du grand nombre. Ce sont les physiocrates, c'est M. de Gournay, c'est Quesnay et Turgot, ce sont leurs disciples qui ont eu le mérite de proclamer la maxime, qui est devenue la devise de la société moderne : *laissez faire, laissez passer*. Appliquée au commerce et à l'industrie, cette maxime, qu'on a souvent critiquée sans prendre la peine de la comprendre, est d'une vérité et d'une justice parfaite. *Laissez faire*, c'est-à-dire laissez chaque homme user honnêtement, et comme il l'entend, des facultés qu'il a reçues de Dieu; c'est là un droit naturel au premier chef, le droit de vivre en travaillant. *Laissez passer*, c'est-à-dire n'arrêtez pas les échanges. Si Dieu a créé des climats divers, et des productions aussi variées que les climats, c'est pour faire de l'humanité un seul peuple, uni par la communauté des besoins et des intérêts. Arrêter l'échange, c'est gêner le travail; gêner le travail, c'est gêner la vie; qui peut donner à l'État ce droit étrange d'appauvrir ses sujets et de les faire mourir de faim?

— C'est dans l'intérêt général, dira-t-on, que l'État interdit ou favorise certaines industries. De la hauteur où il est placé, il voit ce qui échappe à l'individu; sa sagesse pourvoit à la fois aux besoins du public et aux besoins des particuliers.

— C'est là, répondrai-je, une des vieilles erreurs qui nous ont fait le plus de mal. La sagesse de l'État est une chimère. Où donc prend-on ces sages administrateurs, sinon parmi ce peuple qu'à l'avance on déclare incapable et fou? Consultez l'expérience. Si habiles et si clairvoyants qu'on les suppose, les hommes qui forment l'administration en savent toujours moins que l'intérêt particulier. Partout où l'État intervient, il empêche le travail de s'établir, ou, ce qui n'est pas moins nuisible, il favorise le développement de certaines industries qui ne sont pas viables. Que l'État fasse régner la paix et la sécurité, son rôle est rempli; dès qu'il sort de sa sphère, il porte le désordre et le trouble dans la société. Il n'y a de disette que dans les pays où l'État se mêle de régler les approvisionnements; les peuples les plus protégés sont toujours les plus misérables. Voyez la Russie, voyez l'Espagne! *Chacun pour soi et Dieu pour tous*, c'est le principe du monde moderne, principe aussi vrai en économie politique qu'il est faux dans le domaine de la charité.

— A quoi bon discuter sur ce point? dira-t-on. N'est-ce pas la gloire du gouvernement impérial que d'avoir arboré le drapeau de la liberté commerciale? Oubliez-vous le traité avec l'Angleterre, la liberté de la boucherie et celle de la boulangerie?

— Non, j'applaudis à ces réformes; et de la première, je ne critique que la façon. Qu'un traité de commerce d'une telle portée puisse être conclu sans l'aveu des Chambres, c'est sans doute chose légale, puisqu'un sénatus-consulte l'autorise; mais, selon moi, il n'est ni sage ni politique d'user rigoureusement d'un tel pouvoir. Ceux qui profitent du traité n'en ont guère de reconnaissance; ceux qui en souffrent s'en prennent au gouvernement [1]. En pareil cas, pourquoi ne pas alléger la responsabilité en la partageant? Si on ne consulte pas les représentants du pays sur une question qui touche à tant d'intérêts et qui peut ruiner des villes entières, sur quoi les consultera-t-on?

Mais, laissant ceci de côté, je dirai que si le gouvernement a beaucoup fait, il lui reste encore plus à faire. Il y a en France des gênes et des monopoles qu'il faut effacer de nos lois.

Par exemple, qu'est-ce que l'inscription mari-

1. Aujourd'hui les faits ne me donnent que trop raison. Si la réforme commerciale avait été faite avec l'aveu du pays, elle ne serait pas menacée par des prétentions prohibitionistes qui porteront un coup terrible au travail sous prétexte de le protéger. (1871.)

time? Qu'est-ce qu'un régime qui oblige tout marin à rester jusqu'à cinquante ans sous la main de l'État, et qui en même temps interdit à tout citoyen de se faire homme de mer sous peine de tomber dans cette étrange servitude? L'intérêt de la marine ne peut justifier un tel envahissement de la liberté individuelle, une si flagrante inégalité. L'État gagne-t-il quelque chose à ce privilége énorme? Non; il ne serait pas difficile de montrer qu'en Angleterre comme en Amérique, ce qui multiplie les matelots c'est la liberté.

Qu'est-ce que le délit de coalition reproché aux ouvriers qui refusent d'accepter les conditions que le patron leur impose? Que la loi punisse la violence, les menaces, l'intimidation, cela est juste; mais le fait de s'entendre paisiblement pour régler le prix du travail, quel crime est-ce là? Est-ce que la main d'œuvre n'est pas une marchandise comme une autre? Faut-il un privilége pour celui qui l'achète, une incapacité pour celui qui la vend? Quel est le motif de cette loi qui irrite singulièrement les ouvriers? L'amour de la tranquillité publique, je n'en vois pas d'autre. On a voulu à tout prix la paix dans l'atelier. Mais cet intérêt ne peut justifier un tel mépris de la liberté individuelle; et d'ailleurs cet intérêt prétendu n'existe point. L'Angleterre a aboli la loi des coalitions; cette abolition, prononcée par respect pour les principes, a excité une inquiétude très-vive. Tant que les coalitions avaient été proscrites, on avait vu des agitations terribles; qu'arriverait-il quand la loi permettrait aux ouvriers de s'entendre et de se réunir? Le résultat est connu; patrons et ouvriers, également maîtres de leur droit et ne comptant que sur eux-mêmes, finissent toujours par s'accorder. Les *grèves* sont rares, les coalitions ont à peu près disparu. La loi était impuissante à réduire les intérêts blessés, la liberté a dénoué le nœud que la force n'a jamais pu trancher [1].

Quant aux monopoles, chacun reconnaît que c'est chose mauvaise; on ne discute plus sur le principe. Le monopole favorise l'oisiveté ou la négligence de celui qui en profite, il décourage

1. La loi sur les coalitions, rendue cette année même, nous a donné raison en ce point; qu'on soit bien sûr que le reste de notre programme n'est pas moins innocent, ou, pour mieux dire, qu'il n'est pas moins favorable à la paix publique et à la liberté. (1864.) — Aujourd'hui le vent a tourné; on se prépare a sévir contre les coalitions par haine de la commune et par peur de l'*Internationale*; mais les principes ne changent pas. L'ouvrier doit toujours avoir le droit de refuser son travail et de s'entendre sur ce point avec ses compagnons. Le crime est dans la violence et non dans l'association. (1871.)

et mécontente celui qu'il exclut; c'est, en outre, un impôt dont l'État ne touche rien, dont le travailleur porte toute la charge : voilà des vérités qui traînent partout; cela n'empêche point que les monopoles ne soient nombreux en France et n'aient grandi depuis vingt ans. C'est le reste de cette vieille et fausse théorie qui fait de l'État un tuteur infaillible, et condamne les citoyens à vieillir dans une éternelle minorité.

A en juger par le prix auquel se vendent les charges, le monopole des agents de change coûte à la place de Paris des sommes énormes. Que sont cependant les agents de change, sinon des courtiers de spéculation et de jeu? Qui peut justifier ce privilége exorbitant, et dont ne profitent ni l'État ni les citoyens? L'Angleterre n'a point d'agents de change en titre d'office; voit-on que les fonds publics en souffrent ou que la spéculation y languisse? A quoi sert le monopole des courtiers? Ce n'est pas au commerce, qui s'en plaint; ce n'est pas au public, qui en paye inutilement les frais; ce n'est pas à l'État, qui n'y a aucun intérêt [1]. A quoi bon des facteurs pour vendre aux enchères les œufs et la marée? A quoi bon des commis-

1. Ce monopole a été supprimé en 1866; voit-on que le commerce en souffre? (1868.)

saires-priseurs patentés pour adjuger des porcelaines ou du vieux linge? Les notaires sont des officiers publics qui donnent aux actes un caractère authentique, les huissiers et les greffiers sont des agents de la justice; je comprends que le nombre de ces fonctionnaires soit limité, ce qui ne veut pas dire que j'approuve les offices vendus à prix d'argent; mais pourquoi faire de la pratique un monopole et l'attribuer à des avoués? Ce n'est là qu'un souvenir de l'ancien régime; il y a des charges d'avoués parce qu'il y avait des charges de procureur. C'est pousser trop loin le respect de la tradition. Est-ce qu'un avoué est une personne publique? N'est-il pas, comme l'avocat, le simple mandataire du client particulier qui le choisit? Dans les deux cas, n'y a-t-il pas même raison de décider en faveur de la liberté?

On oppose, je le sais, un intérêt public, la nécessité d'une surveillance qui protége les plaideurs et qui évite les abus. Mais quel monopole ne peut-on pas justifier avec le même argument? L'esprit de notre temps, l'esprit de liberté veut que chacun s'occupe de ses propres affaires et veille à ses intérêts; je ne vois pas pourquoi il y aurait une exception pour les plaideurs. Je ne demande pas l'anarchie : des conseils de discipline ont maintenu à un haut degré l'honneur de la profession d'avocat; ils suffiraient également pour interdire la pratique à des fripons déclarés.

Que dire du monopole de l'imprimerie, de la librairie et des journaux [1]. Ce n'est pas seulement la liberté industrielle qui en souffre; c'est la société tout entière qui est arrêtée et gênée dans le développement de son intelligence et de sa vie. Je laisse cette question, sur laquelle je reviendrai plus loin; mais que de monopoles on pourrait citer encore! Qu'est-ce, par exemple, que le monopole des théâtres? N'est-il pas étrange que la ville de Paris impose ses administrés pour construire à leurs frais des théâtres somptueux qu'elle loue à son profit, tandis que rien n'est plus aisé que de trouver des spéculateurs qui construisent des théâtres à leurs risques et périls? Notez que la politique et la morale n'ont rien à faire ici; la faculté d'ouvrir un théâtre n'emporte en rien l'abolition de la censure dramatique. Le monopole gêne la liberté industrielle sans prétexte et sans raison [2].

1. Monopoles abrogés par le gouvernement de la défense nationale. L'empire, rendons lui cette justice, en préparait la suppression. Puisse-t-on ne pas revenir en arrière? (1871.)

2. Ce monopole a été supprimé cette année même. Il y avait soixante ans qu'on le déclarait nécessaire au maintien de

Qu'est-ce encore que tous ces monopoles qui se multiplient à vue d'œil dans les grandes villes : monopoles du gaz, de l'eau, des omnibus, des voitures de place [1], et que sais-je? Tout cela c'est une réduction de la concurrence, c'est-à-dire une atteinte au travail libre, un privilége coûteux dont la cité ou les habitants payent les frais. Les monopoles commencent d'ordinaire par une réduction, c'est au nom du bon marché qu'on les établit; mais, chose étrange! quand on les supprime, il se trouve toujours qu'ils ont été ruineux pour le public; et Dieu sait à quel prix on les rachète! Il serait temps de s'arrêter dans cette voie. De tous les principes de 1789, celui qui doit porter le moins d'ombrage à un gouvernement qui cherche à s'attacher les classes laborieuses, c'est assurément la liberté du travail ; cette liberté est incompa-

l'ordre public et de la moralité. Voit-on que personne souffre ou se plaigne de cette suppression? Il en est ainsi de tous les priviléges. Dès qu'ils disparaissent, on s'étonne d'avoir eu la faiblesse de croire à leur nécessité. (1864.)

1. Le monopole des voitures de place a été supprimé à Paris en 1866. Qui n'a pas applaudi à cette suppression? Et cependant c'était la *sagesse* de l'administration municipale qui, cinq ou six ans plus tôt, avait établi ce monopole, malgré les réclamations des gens sensés, et aux applaudissements de ces journaux officieux qui tournent comme des girouettes, quand le vent change dans les hauts lieux. (1868.)

tible avec le monopole, de quelque beau nom qu'on décore cet envahissement du domaine individuel.

Reste un dernier élément de la liberté individuelle : la libre disposition de la propriété et du capital. La propriété est le fruit de notre activité, et c'est parce que ce fruit nous appartient que nous sommes laborieux, économes et moraux. Les anciens déclaraient l'esclave incapable de vertu, parce qu'il n'avait rien à lui et ne s'appartenait pas à lui-même ; c'est une vue qui ne manque pas de vérité. L'extrême misère est corruptrice, l'extrême richesse l'est aussi, et, par la même raison, toutes deux n'attendent rien du travail et de l'économie. La force de la cité est dans les classes moyennes, qui vivent du labeur de leur esprit ou de leurs mains ; c'est pourquoi un des plus grands intérêts de l'État est de protéger la propriété, et de lui garantir une entière sécurité.

En est-il ainsi en France? Non ; depuis 1789 l'idée de propriété a faibli. Aux premiers jours de la Révolution, par haine de la féodalité, ou par une fausse notion de l'antiquité grecque et romaine, on n'a vu dans la propriété qu'un privilége social, que l'État pouvait régler ou réduire à son gré. Cette théorie est visible dans le discours de Mirabeau sur le droit de succession ;

je ne parle ni des déclamations de Robespierre, ni des rêveries de Babœuf. Depuis trente ans, les écoles socialistes ont attaqué la propriété et le capital comme autant de monopoles destructifs du travail et de l'égalité. Ces attaques n'ont pas été sans influence sur le législateur. J'en citerai pour exemple l'augmentation des droits fiscaux sur les successions. Il semble à beaucoup de gens que, si la propriété est respectable, l'héritage ne l'est guère, au moins en ligne collatérale, et que la société gagnerait à l'abolition de ce privilége ; c'est une illusion fatale à la liberté.

La propriété, quand on remonte à son origine, n'est autre chose que le produit de notre activité, une création de richesses qui n'a rien pris à personne, qui par conséquent ne doit rien à personne, et n'appartient qu'à celui qui la crée ou à ses descendants, car c'est pour eux qu'il travaille. On croit que c'est la société qui enrichit le propriétaire; c'est une erreur : tout au contraire, c'est le propriétaire qui enrichit la société. Il suffit d'un instant de réflexion pour s'assurer de cette vérité trop méconnue.

On sait qu'en Algérie il y a des terres publiques, non cultivées, que l'État vend à bas prix. Prenons un hectare de cette terre, infestée par le palmier nain. Que rapporte-t-il? Rien. Que vaut-il? Ce qu'on en peut retirer par adjudication aux enchères; dix ou quinze francs peut-être. Une fois que l'État a encaissé cette somme, il a reçu le prix du fonds, il n'a plus rien à prétendre sur le sol. Maintenant, avec un labeur opiniâtre, une dépense de temps et de peine qu'on évalue à trois cents francs par hectare, le colon arrache le palmier nain, il laboure, il sème, il récolte. Voilà une propriété créée; à qui appartient-elle? A l'individu seul, car seul il l'a faite ce qu'elle est. La société a-t-elle enrichi le propriétaire? Non, elle ne lui a rien donné. Le propriétaire a-t-il enrichi la société? Oui, car dans ce qui n'était qu'un désert stérile, il y a aujourd'hui du blé produit, du bétail nourri, des bras employés. — Sans la protection de l'État, dira-t-on, cette culture n'était pas possible.—Soit, mais le service qu'il rend, l'État se le fait payer par l'impôt [1]. Reste donc toujours au compte du propriétaire la valeur qu'il a créée.

Qu'il s'agisse d'une maison, d'une usine, d'une

1. Notez que cet impôt représente chaque année beaucoup plus que la valeur totale du fonds primitif avant la mise en culture. Il est donc vrai de dire que le propriétaire n'est nullement le débiteur de l'État ni de la Société. C'est là une de ces vérités qu'il est bon de défendre en ce temps de socialisme. (1871.)

machine, d'un outil, d'un capital quelconque, le droit est toujours le même : l'œuvre appartient à l'ouvrier. Elle est à lui, parce qu'elle est le produit de son travail et de son économie, parce qu'il l'a véritablement enfantée à la sueur de son front, et que sans lui elle n'existerait pas. D'où l'on voit que liberté et propriété se tiennent comme l'arbre et le fruit; l'une est le labour, l'autre est la récolte. Toucher à l'une, c'est toucher à l'autre, et les tuer toutes deux du même coup. Consultez l'expérience. Quels sont les pays libres? ceux qui respectent la propriété. Quels sont les pays riches? ceux qui respectent la liberté.

Suivant donc qu'on regardera la propriété comme un monopole accordé par l'État à quelques privilégiés, ou comme une création individuelle, la législation, la constitution, la société tout entière, auront un aspect différent. Si la propriété est considérée comme une invention de la loi, elle sera odieuse ainsi que le sont tous les monopoles; le capitaliste sera dénoncé comme le spoliateur de ceux qui n'ont rien, et l'État se croira libéral en fixant le taux de l'intérêt[1], en

1. Qui croirait que, cent ans après Turgot, il ne s'est pas encore trouvé un législateur en France pour abolir le taux légal de l'intérêt, en matière civile! (1868.)

établissant le *maximum*, en poursuivant les accapareurs, en grevant d'impôts les terres, les capitaux, les successions, sans voir qu'en blessant la propriété c'est la liberté même qu'il atteint. Si, au contraire, la propriété et le capital sont considérés comme des richesses créées par l'individu, et apportées par lui dans la société qui en profite, la propriété sera un droit sacré pour tous, et le législateur la respectera comme une autre forme de la liberté. Dans la première de ces deux sociétés, il y aura haine chez le pauvre, crainte chez le riche, violence et fiscalité chez l'administration, misère partout. Dans la seconde, c'est le travail qui régnera ; il sera à la fois fructueux et honoré. Propagées et secondées l'une par l'autre, la Richesse et la Liberté descendront jusqu'aux dernières couches du peuple, et y porteront avec elles la véritable émancipation, celle qui affranchit l'homme de l'ignorance et du dénûment.

Quel est de ces deux régimes celui qui prévaut en France? Ni l'un ni l'autre : nous sommes tiraillés entre les deux. Mais, il faut bien le dire, si l'économie politique ramène les esprits au respect de la propriété, nos lois sont jalouses et despotiques. On y retrouve, plus ou moins affaiblies, mais toujours reconnaissables, deux idées fausses et funestes : l'une que Louis XIV nous a léguée, c'est le domaine éminent de l'État ; l'autre qui nous vient de Rousseau, de Mably et de leur école, c'est que la propriété est contre nature, et que l'hérédité est un privilége social. De là cette théorie singulière de quelques légistes, qui font de l'impôt une part de la propriété, et de l'État le copropriétaire de toutes les terres. De là ces énormes droits de mutation au moyen desquels, à chaque changement de propriétaire, l'État prend pour lui quelque chose comme le dixième du fonds. De là ces droits de succession qui ruinent périodiquement le capital, et l'empêchent de grossir. Le véritable intérêt de la société, c'est que les propriétés circulent et que les capitaux se multiplient ; la loi fiscale gêne la transmission, et quand elle remet la terre à l'héritier, c'est en la grevant d'une dette si lourde, que trop souvent elle jette le petit propriétaire dans les mains de l'usurier. Tout cela est un mal sans mélange, tout cela vient de ce qu'on a séparé l'idée de propriété et l'idée de liberté; tout cela doit cesser le jour où l'on comprendra que, dans le domaine économique, la liberté, c'est le moyen de production, la propriété en espérance, et que la propriété, c'est le fruit de la liberté, ou, si l'on veut, la liberté réalisée.

En traitant de la liberté individuelle, je n'ai rien dit de la liberté de la presse, ou du droit que tout homme a de parler et de multiplier sa parole par l'impression. Ce n'est point que je considère ce droit comme étant moins individuel ni moins essentiel que les autres : c'est le premier de tous; mais la liberté de la presse a un caractère singulier qui lui assigne une place à part dans notre étude. Elle est à la fois un droit individuel, un droit social, et la garantie suprême de toutes les libertés publiques et privées. C'est là ce qui en fait l'outil nécessaire de la civilisation moderne. Sans elle il n'y a de sécurité pour aucun droit; mais avec ce seul levier on remplacerait ou plutôt on relèverait toutes les libertés. Cette force universelle est ce qu'on n'a pas assez remarqué dans la liberté de la presse. C'est ce qui me décide à traiter cette question en dernier, car elle suppose la connaissance de toutes les autres; j'en parlerai donc plus loin, au chapitre des garanties.

IV

DES LIBERTÉS SOCIALES.

Ce nom de liberté sociale nous est peu familier; nous n'avons pas le mot parce que nous n'avons pas la chose. Chez nous, entre l'État et l'individu il n'existe rien. L'État se croit le droit de faire tout ce que l'individu, réduit à ses propres forces, est impuissant à exécuter. C'est une grande erreur, et qui depuis soixante-dix ans a empêché la liberté de s'établir en France. C'est là qu'il faut chercher l'origine de cette énorme machine de l'administration, qui se charge de régler notre foi, d'élever nos enfants, de faire la charité pour notre compte, et qui, si on n'y prend garde, ne nous laissera bientôt d'autre droit que celui de payer l'impôt.

Entre l'État et l'individu, qu'y a-t-il donc? Il y a la société, il y a l'association qui est une petite société dans la grande. C'est l'association qui, dans les pays libres, débarrasse l'État d'une foule de soins qui ne le regardent pas ; c'est elle qui relie les individus isolés et multiplie les forces en les réunissant. Entre l'égoïsme individuel et le despotisme de l'État (qui n'est qu'une autre forme de l'égoïsme), l'association place la foi, la science, la charité, l'intérêt commun, c'est-à-dire tout ce qui rapproche les hommes et leur apprend à se supporter mutuellement. Elle est le ciment des sociétés ; sans elle la force est la loi du monde ; avec elle, cette loi, c'est l'amour.

Les anciens ont eu le sentiment de cette vérité. Aristote fait de l'amitié une vertu et lui donne une place considérable dans sa *Morale*. Les critiques modernes n'ont pas senti ce qu'il y a de profond dans cette théorie d'Aristote ; ils n'ont pas compris le philosophe qui a si justement défini l'homme *un animal sociable*. Qu'est-ce que la sociabilité, sinon un attrait réciproque, une affection mutuelle qui a pour objet le bien général ? Suivre une loi morale que nous avons apportée dans le cœur en naissant, n'est-ce donc pas une vertu ?

Cette loi, le christianisme l'a perfectionnée. Le Christ a réduit toute la religion et toute la vie à l'amour de Dieu et à l'amour des hommes. Il faut que l'amour agisse, il faut qu'il embrasse et qu'il transforme tout ce qu'il touche ; il faut au chrétien des misères à soulager, des âmes à éclairer, des vérités à répandre, un enseignement à propager. Ce devoir du chrétien est aussi celui du citoyen. On n'est pas citoyen parce qu'on paye plus ou moins volontiers un impôt; on n'est citoyen que lorsqu'on sert et qu'on aime la cité, c'est-à-dire non pas une abstraction, mais des hommes qui souffrent, qui sont ignorants, qui ont besoin de nous. Ces services rendus au pauvre par celui qui peut disposer de son argent ou de son temps, cet échange de bons offices, voilà ce qui constitue une société vivante, voilà ce qui en chasse l'esprit de haine et d'envie, ces deux causes de révolution; voilà, par malheur, ce qui n'existe pas chez nous!

Est-ce notre faute? Non : le peuple français est le peuple sociable par excellence ; mais cette facilité à s'entendre et à se réunir est précisément ce qui effraye tous nos gouvernements. Despotiques ou soi-disant libéraux, ils sont toujours d'accord pour écraser le moindre germe d'association. Pour réunir vingt personnes et leur parler de religion, de morale, de littérature, que dis-je? d'arithmétique ou de chimie, il faut l'autorisation de l'administration ; et l'administration a toujours peur. La liberté, c'est l'inconnu, c'est toujours un certain bruit; l'interdiction, c'est le silence et le repos. Va donc pour l'interdiction[1] !

Voilà ce qu'il faut chasser de nos lois et remplacer par la liberté. L'association est aujourd'hui une faveur; il faut qu'elle devienne un droit comme en Angleterre, aux États-Unis, en Hollande, en Belgique et en Suisse. Il y a là un trésor qu'il nous faut exploiter avec cette ardeur et cette générosité que nos ennemis mêmes se plaisent à nous reconnaître. C'est l'intérêt de la société, c'est aussi l'intérêt de l'État. Le seul remède contre le danger des agitations politiques, c'est de dériver en quelque sorte un trop-plein d'activité, et de le répandre par les mille canaux de l'association.

§ 1. — Liberté des cultes. — Séparation de l'Église et de l'État.

De toutes les libertés sociales, la première et la plus importante est la liberté religieuse. Nous nous targuons d'être en ce point le premier peu-

1. La loi rendue cette année est un progrès, mais en permettant aux citoyens de se réunir, elle leur défend encore de s'occuper de religion et de politique. Par crainte de l'abus on confisque le droit ; c'est le procédé de l'ancien régime. (1868.)

ple du monde ; c'est une illusion. Nos mœurs sont libérales, nos lois ne le sont point. Si la liberté religieuse n'était que le droit reconnu à chacun de croire ce qu'il veut ou de ne rien croire, sans doute nous n'aurions rien à désirer ; mais la liberté religieuse est tout autre chose. C'est pour chaque église le droit de s'établir où bon lui semble, de se constituer et de se gouverner comme elle l'entend, de parler, d'écrire, d'agir sans que rien la gêne, de faire de la propagande sans que rien l'entrave, d'avoir à elle, s'il lui plaît, ses hôpitaux, ses écoles, ses colléges, ses universités, en un mot d'être maîtresse absolue de ses actions, à la seule condition de ne pas empiéter sur la liberté d'autrui. En sommes-nous là ? Il s'en faut de beaucoup, mais c'est là qu'il nous faut arriver. Déjà l'Amérique et la Hollande ont achevé cette réforme ; l'Angleterre, la Belgique, la Suisse, l'Italie l'ont commencée ; c'est de ce côté que va le courant des idées ; c'est là qu'est l'avenir. *L'Église libre dans l'État libre* est un de ces mots qui entrent dans l'âme et qui portent avec eux une révolution.

Qui s'oppose chez nous à une réforme déjà faite dans les esprits ? Deux choses : nos lois, et la situation particulière de l'Église catholique.

Nos lois sont un démenti perpétuel donné à nos constitutions. Toutes nos chartes, celle de 1852 comme les autres, garantissent les grands principes proclamés en 1789, et au premier rang la liberté religieuse ; mais les lois particulières tournent ces grands principes, et en les tournant les annulent. Toucher à la conscience, c'est un sacrilége, personne n'y songe ; mais au nom de la sûreté de l'État, par crainte des associations politiques, par amour de la paix publique, pour ménager les âmes simples, pour prévenir le scandale, on soumet toute église, toute association, toute réunion [1], toute cérémonie religieuse à une autorisation préalable. C'est l'administration, c'est-à-dire un certain nombre d'hommes qui ne sont ni plus chrétiens ni plus infaillibles que moi, c'est l'administration, dis-je, qui décide sous son bon plaisir s'il me sera permis ou défendu de bâtir un temple et d'adorer

1. Pour interdire les réunions religieuses, nos hommes d'État prétendent qu'en certaines provinces, dans le Midi par exemple, ces réunions seraient une cause de trouble. Ceci équivaut à dire qu'en fait de religion une majorité douteuse a droit d'imposer silence à la minorité qui lui déplaît. Pour éviter l'abus passager de la force et du nombre, nos sages législateurs trouvent plus simple de l'éterniser en lui donnant la sanction de la loi. (1868.)

Dieu à ma façon. Ceci est le contraire de la liberté, c'est l'arbitraire, c'est-à-dire le règne des hommes et non le règne des lois.

Qu'il soit utile d'établir certaines dispositions légales pour le maintien de l'ordre et de la paix, je ne le nie point; mais la loi une fois rendue doit être la même pour tous, car c'est une loi de police et rien de plus. Il ne peut pas y avoir trois religions privilégiées, et cinq ou six églises autorisées à l'exclusion des autres. Ma foi ne regarde que moi; mon église ne concerne que ceux qui partagent ma croyance. C'est mon droit d'adorer Dieu à ma guise et de faire mon salut comme je l'entends. L'État ne connaît pas le fidèle, il ne connaît que le citoyen.

Il faut donc rayer de nos Codes administratifs toutes ces précautions jalouses qui soumettent la religion à l'autorité; il ne suffit pas de proclamer dans une charte la liberté de conscience, il faut inscrire dans nos lois la liberté des Églises et l'égalité des cultes. S'il y a des attentats à la liberté d'autrui, un trouble dans la rue, ce sont là des délits de droit commun; ce n'est pas à l'administration, c'est à la justice qu'il appartient de prononcer.

Ce qui complique une question qui de sa nature est des plus simples, c'est la situation particulière de l'Église catholique. Il y a quinze cents ans que cette Église est unie à l'État. Pour la plupart des hommes, il est difficile de s'élever au-dessus des préjugés de leur enfance et de croire que la sagesse d'hier pourrait bien être la folie d'aujourd'hui; mais quel effort d'esprit et de volonté ne faut-il pas pour en arriver à comprendre que quinze cents ans de durée ne sont souvent que la vieillesse d'une erreur? Sans ce passé qui nous asservit, la séparation de l'Église et de l'État serait partout acceptée comme la loi naturelle des choses. Si le problème était entier, qui donc imaginerait de soumettre à la police de l'État ce qu'il y a dans l'homme de plus intime et de plus personnel : la conscience et la foi?

— Et les leçons de l'histoire, dira-t-on, qu'en faites-vous? N'y a-t-il pas un orgueil insensé à renverser ce que la sagesse de nos pères a établi? N'est-ce pas une folie criminelle que de briser cette alliance à l'ombre de laquelle est née la civilisation moderne? Séparer l'Église et l'État, c'est ériger en système l'athéisme de la loi, c'est ruiner à la fois la morale et la religion.

A cela deux réponses. Si c'est à l'histoire qu'on en appelle, que l'histoire nous juge! L'Évangile est une loi d'amour et de paix; néanmoins, depuis le jour où Constantin a uni l'Église et l'État, c'est au nom de l'Évangile qu'on a étouffé les consciences, tué, exilé, persécuté des millions d'hommes. On a versé plus de sang au nom de la religion qu'au nom de la politique. Si l'Église et l'État n'avaient pas mêlé leurs intérêts et leurs passions, si le prince n'avait pas prêté ses bourreaux au prêtre, la chrétienté aurait-elle jamais vu de pareils crimes? Ces violences, qui ont déshonoré et affaibli la religion, ont-elles au moins scellé l'union de l'Église et de l'État? Non, cet antique mariage n'a été qu'une discorde perpétuelle. L'Église a mis les prince en tutelle; les princes, à leur tour, ont asservi l'Église; les papes ont déposé les empereurs, les rois ont chassé et emprisonné les évêques; depuis trois siècles il ne s'est point passé vingt ans en France sans que le clergé et l'État n'aient été en guerre. Le règne de Louis XIV, aussi bien que celui de Napoléon, est rempli de ces misérables querelles. Quand l'Église ne domine pas, elle crie à l'oppression; quand le prince trouve devant lui la conscience qui proteste, il crie à la révolte. Voilà ce que nous apprend une expérience de quinze siècles. Cette expérience est une condamnation.

La seconde réponse est celle-ci : Qu'on fasse du moyen âge une Arcadie chrétienne où les troupeaux, sans idées et sans volonté, suivaient docilement la voix de leurs pasteurs; qu'on y suppose un accord des âmes, une unité de foi qui selon moi n'ont jamais existé; qu'on regrette un système où, suivant le mot d'Innocent III, le pape et l'empereur étaient les deux grands luminaires, le soleil et la lune du monde moral, toujours est-il que deux événements terribles, la réforme de Luther et la Révolution française, ont mis la vieille chrétienté en poudre et changé la face de la société. L'idéal politique des papes et des rois s'est évanoui. On n'impose plus la foi, on ne dispose plus des peuples en vertu d'une souveraineté venue du ciel, et c'est par la grâce des peuples que gouvernent les rois. En religion comme en politique l'obéissance est volontaire et contractuelle; elle part d'en bas, elle n'est plus imposée d'en haut. Qu'on maudisse ou qu'on loue la Réforme et la Révolution, il n'importe: c'est leur esprit qui règne aujourd'hui; nos idées et nos mœurs en sont imprégnées; c'est avec cet esprit qu'il faut compter.

Or, n'est-il pas évident que du jour où l'unité catholique et politique a été brisée, où la liberté religieuse est devenue un fait néessaire et un droit reconnu, l'union de l'Église et de l'État n'a plus eu de raison d'être? Qu'était-ce au fond que cette union, sinon une espèce d'assurance mutuelle? Le prince, qui régnait par la grâce de Dieu, garantissait à l'Église l'unité de foi; l'Église, qui tenait entre ses mains la conscience et l'esprit du peuple tout entier, garantissait au prince l'unité d'obéissance. Aujourd'hui l'Église ne commande plus à toutes les âmes; le prince, qui n'a que des pouvoirs délégués, n'a point à s'inquiéter de l'unité de foi : le salut de ses sujets ne le concerne plus. Que reste-t-il donc de l'antique union? Rien que le servage de l'Église. L'Église catholique n'est plus aujourd'hui la société tout entière, ce n'est qu'une grande corporation payée et surveillée par l'État, qui lui choisit plus ou moins directement ses ministres. En dehors du sanctuaire, l'évêque et le prêtre n'ont d'autre influence que celle que l'État leur accorde; il en est ainsi même en fait d'enseignement, même en fait de charité. Pour se réunir en concile, pour correspondre avec Rome, pour publier les lettres que le pape leur adresse, il faut aux évêques la permission d'un ministre; et si le zèle leur fait oublier les articles organiques, ils sont justiciables du conseil d'État. Ce sont des fonctionnaires d'un ordre particulier.

Pour l'Église et pour les fidèles, est-ce là une situation régulière? Obéit-on à l'ordre du divin Maître, prêche-t-on l'Évangile à toute nation, quand on ne peut ouvrir ni une chapelle, ni une école, ni un asile sans l'aveu d'un ministre ou d'un préfet? N'y a-t-il pas d'ailleurs quelque chose de blessant pour un catholique dans cette suprématie de l'État, qui paye indifféremment tous les cultes, et qui bâtit tour à tour des églises, des temples, des synagogues, des mosquées? La main qui confirme des pasteurs et des rabbins est-elle celle qui doit présenter des évêques? La liberté du moins respecte le droit des fidèles et la souveraineté de églises. Quand l'État se déclare incompétent, il reconnaît que la religion n'est point de son domaine; il s'incline devant la conscience et la foi; mais quand il protége, il choisit, il fait acte de supérieur. Payer, surveiller, et jusqu'à un certain point administrer quatre ou cinq religions diverses, n'est-ce pas donner aux peuples une suprême leçon d'indifférence, et n'est-il pas vrai de dire que l'abstention de l'État est plus morale et plus religieuse que sa protection?

Jusqu'à présent les catholiques n'ont pas été

favorables à la séparation de l'Église et de l'État. Ce sont, disent-ils, des protestants ou des libres penseurs qui la demandent. C'est une situation nouvelle et inconnue. Enfin on parle de renoncer au traitement que donne l'État; ce traitement, c'est le pain de quarante mille prêtres. Examinons ces objections.

Oui, ce sont des protestants et des libres penseurs qui les premiers ont demandé la séparation[1]; mais ces hommes ne sont pas des ennemis du christianisme, tant s'en faut! S'ils appellent de leurs vœux l'émancipation de l'Église, ce n'est pas pour qu'il y ait moins de religion, c'est afin qu'il y en ait davantage. Ils croient que la liberté amènera le réveil du sentiment chrétien, ils sont convaincus que la foi en Jésus-Christ, que l'espoir d'immortalité sont le suprême ressort de l'individu, la force et le salut de la démocratie. Sont-ce là des adversaires ou des amis? En dehors du clergé, quels sont au contraire ceux qui veulent maintenir cette alliance qui asservit le prêtre et en fait un fonctionnaire public? Ce

1. Il serait injuste d'oublier qu'en 1830, M. de Lamennais, M. de Montalembert, M. Lacordaire et M. Gerbet, ont fondé l'*Avenir* pour demander la complète liberté religieuse; mais on sait que le pape Grégoire XVI désapprouva ces nouveautés.

sont ceux qui jettent les hauts cris, quand un curé refuse la sépulture à qui n'est pas mort chrétiennement. Ce sont des héritiers directs de ces gallicans qui ont inventé la constitution civile, et tiré du registre du Parlement les articles organiques. Pour eux, tout est perdu dès qu'un évêque remue; il leur faut une religion morte, dont on ne parle point. Peut-être serait-il sage d'avoir moins de confiance dans une cause que soutiennent de pareils associés.

La situation serait nouvelle pour l'Église de France, mais est-elle sans exemple? S'engage-t-on dans l'inconnu? Pendant les trois premiers siècles, l'Église libre et persécutée a conquis le monde; il est permis de croire que la liberté ne la servait pas moins que la persécution. Cette liberté qui avait fait des miracles, Athanase la regrettait au milieu de la pompe dont Constantin entourait les évêques éblouis. La sincérité de sa foi le rendait clairvoyant. Si la grandeur de cet âge héroïque effraye la lâcheté moderne, qu'on regarde l'Amérique et l'Angleterre. Là, l'Église catholique est entièrement libre, l'État ne la connaît point; qu'on demande aux évêques de New-York ou de Dublin, s'ils échangeraient leur indépendance contre la protection de l'État? Quel est le pays où l'on construit le plus d'églises, d'hospices et d'écoles catholiques; quel est celui où le prêtre est tout ensemble le mieux traité, le plus respecté et le plus influent? C'est le pays de la liberté.

— Mais la séparation, c'est la perte immédiate d'un budget considérable et nécessaire? — Non, on ne demande pas de ces brusques mesures qui feraient du bien même un fléau. La chose essentielle, c'est la liberté rendue à l'Église; la suppression du traitement n'est pas la condition absolue de cette liberté, elle n'en est que la conséquence naturelle. On dépend toujours plus ou moins de la main qui paye; c'est cette dépendance qu'il faut abolir. Mais qui empêche de prendre un délai convenable? En attendant, on peut établir le régime belge qui, tout en attribuant à l'Église un traitement public, lui assure une liberté considérable. Dix ans ne sont rien dans la vie d'un peuple, dix ans suffiraient pour habituer les évêques et les fidèles à se charger eux-mêmes des dépenses du culte. Non-seulement on s'y résignerait, mais on y trouverait bientôt un grand charme. L'homme a en lui-même un fonds d'activité et de dévouement dont il ignore la puissance et la richesse aussi longtemps que l'État ne lui laisse que le mérite de l'obéissance. Que le soin de l'Église appartienne aux fidèles librement associés, et tel est aujourd'hui un chrétien assez tiède, qui sera demain un catholique fervent, en priant Dieu devant l'autel qu'il aura construit et orné de ses propres mains.

— Mais, diront des politiques qu'effraye l'ombre du passé : l'Église sera donc propriétaire? Il y aura donc dans l'État une énorme corporation qui possédera un, deux, trois milliards peut-être? — Oui, sans doute; nulle association ne peut subsister si elle n'a ses propres ressources; on ne voit pas pourquoi l'Église n'aurait pas tout autant de droits qu'une compagnie de chemin de fer. Les services qu'elle rend sont-ils moins respectables ou moins grands?

— Mais alors l'Église va s'emparer du sol, comme dans l'ancienne monarchie. Le clergé redeviendra un pouvoir à part dans l'État? — Non, il est aisé de parer à ce danger, s'il existe. Je crois que, sans manquer à la justice, l'État peut refuser à l'Église, comme à toute autre corporation, le droit de posséder des terres. Il y a là une question qui n'est pas religieuse, mais économique et politique. Le capital mobilier d'un pays peut augmenter à l'infini, le sol est limité. Sur le vieux continent, en des pays où la terre est rare et la population pressée, il y a un intérêt de premier ordre à ce que le sol reste livré à l'activité individuelle, à ce que rien n'en arrête la circulation. Quand elle interdit la main morte, la société est dans son droit. Ce n'est point là une gêne dont l'Église ait sérieusement à souffrir ; rien n'est plus aisé aujourd'hui que d'établir un revenu régulier sur des valeurs mobilières d'une solidité éprouvée. Les rentes sur l'État, par exemple, ne sont guère moins estimées qu'un placement foncier; et elles ont ce grand avantage, qu'elles débarrassent l'Église de soucis terrestres où il est difficile qu'elle ne laisse pas un peu de sa dignité.

— Mais enfin, diront les sages qui ont toujours peur, l'Église sera riche. Qui nous répond qu'elle n'abusera pas de ses richesses, et ne les jettera pas dans la balance des partis?

— Oui, sans doute, il est à désirer que l'Église soit assez riche pour suffire à sa mission. Mais, qu'est-ce que l'Église? En France, on se laisse tromper par les mots abstraits; on évoque ainsi des fantômes qui n'existent que dans l'imagination. L'Église, c'est quarante mille paroisses ayant quarante mille prêtres à nourrir, et au-dessus de ces prêtres un petit nombre d'évêques chargés d'entretenir des séminaires et des œuvres de charité. Où seront les revenus de l'Église libre? Dans les contributions locales des fidèles, contributions nécessairement surveillées et administrées par eux. Avant que ce budget s'équilibre et donne un excédant dont on puisse abuser, nous aurons le temps, l'Église et nous, de nous habituer à la liberté. Croyons-en l'expérience des États-Unis; une fois libre, l'Église ne se mêle plus de politique, car la politique n'est pour elle qu'un moyen d'arriver à l'indépendance par la souveraineté. Et quant aux non-catholiques, du jour où l'Église ne sort plus de son domaine, ils n'ont pour elle que de l'indifférence ou du respect. On ne hait un pouvoir que lorsqu'on le trouve devant soi comme un ennemi.

Qu'on ne s'étonne pas de l'extrême importance que j'attache à la séparation de l'Église et de l'État. Depuis deux siècles, l'Église catholique et la société sont en guerre; le règne de Louis XV est rempli du cri furieux de Voltaire : *Écrasez l'infâme!* Voltaire, qui ne distingue point entre le clergé et la religion, veut les étouffer tous deux du même coup, pour en finir avec une tyrannie qui l'obsède; la Révolution chasse et tue les prêtres; Napoléon conclut le Concordat pour tenir le clergé dans ses mains et en faire un instrument de règne; il ne craint pas de dire en plein conseil d'État : « Avec mes préfets, mes gendarmes et mes prêtres, je ferai toujours tout ce que je voudrai[1]. » Sous la Restauration, la partie ardente du clergé provoque le rétablissement de l'ancien régime, et pousse Charles X au parjure qui le perd. Sous le gouvernement du roi Louis-Philippe, les évêques, qui cependant n'ont pas à se plaindre, sont hostiles et malveillants. Respectés par la révolution de 1848, on les retrouve en 1852 aux pieds du nouveau pouvoir, offrant un concours politique dont ils espèrent recevoir le prix. Ce sont là de tristes souvenirs; il est temps de renoncer à des ambitions qui ne sont pas chrétiennes. Ce qu'il faut à l'Église, c'est le droit de régler elle-même son gouvernement spirituel; tout le reste lui est étranger.

— L'Église, dira-t-on, n'abdique jamais son amour de la domination. — Raisonner ainsi, c'est ériger en loi universelle des faits particuliers à la France, et qui s'expliquent par le regret d'une grandeur passée. Un corps qui ne meurt point

1. *Mémoires de La Fayette*, t. V, p. 184. — Voyez l'excellent travail de M. de Pressensé sur le Concordat. *Revue Nationale*, juin et juillet 1863.

n'oublie pas en un jour son histoire. Mais il suffit de regarder les États-Unis, l'Angleterre, la Hollande, la Belgique même, pour se convaincre que l'Église se résigne aisément à n'être maîtresse que chez elle; il ne lui faut pas vingt ans pour prendre goût à la liberté. Un clergé dépendant aspire au privilége et veut sa part de pouvoir; un clergé libre use largement de son indépendance, et en défendant ses droits défend du même coup ceux d'autrui. Rendez à l'Église la souveraineté des âmes, son propre intérêt en fera l'alliée de la liberté.

En abolissant les prétentions injustes et surannées de l'Église et de l'État, la séparation donnerait à la religion et à la société la paix dont toutes deux ont besoin. Il semble qu'aujourd'hui le citoyen et le fidèle soient deux personnes distinctes, ayant chacune des droits et des devoirs différents. On enseigne au fidèle à maudire la liberté comme le fruit empoisonné de la philosophie et de la Révolution; on apprend au citoyen à regarder l'Église comme l'ennemie naturelle de la civilisation. De là une sourde discorde, un trouble profond dans les âmes, et pour ainsi dire deux peuples dans une même société. Rien de plus faux cependant que cette distinction. Le christianisme est si peu l'ennemi des institutions libres, que jamais ces institutions n'ont paru que chez des nations chrétiennes; les peuples qui suivent la loi de Brahma, de Bouddha et de Mahomet n'ont jamais connu que le despotisme. La liberté moderne est le fruit de l'Évangile; elle sort de la seule religion qui ait remis à l'individu le soin et le salut de son âme; le matérialisme la tue, la foi la fait vivre; et à son tour, par une alliance intime et mystérieuse, le despostime étouffe la foi, la liberté la vivifie. Qu'est-ce donc que cette opposition qui divise l'Église et la société? Rien qu'un malentendu qui s'évanouira au soleil de la liberté. L'idéal du chrétien est aussi l'idéal du citoyen.

A cette indépendance mutuelle l'État ne gagnerait pas moins que l'Église. Ce n'est pas impunément qu'on essaye d'asservir ce que Dieu a fait pour être libre. Depuis deux siècles l'État traîne après lui l'Église, ou se laisse traîner par elle : souffrance mutuelle et mutuelle servitude. La séparation remet chacun à la place qui lui appartient. L'État n'a plus devant lui que des citoyens; il n'a plus à craindre le murmure des consciences, il n'a plus à s'inquiéter de ces ennemis invisibles qui le minent et l'affaiblissent. Maîtresse de ses mouvements, l'autorité y gagne en force et en respect; c'en est fait de ces guerres de sacristie qui sont la lèpre des religions d'État. L'union lui aliène l'Église, la séparation la lui donne. La conscience regimbe quand elle sent la main de l'État: elle aime un pouvoir qui lui garantit la liberté.

— Utopie, crieront des hommes d'État qui prennent l'immobilité pour la sagesse. Vous aurez une agitation perpétuelle, le clergé intriguera sans cesse, les différentes communions seront en guerre perpétuelle. Ce beau système n'est que l'anarchie.

— Regardez les États-Unis, répondrai-je; on n'y sait même plus ce que c'est qu'une querelle entre l'Église et l'État; c'est une maladie particulière au vieux monde. Et quant aux guerres entre communions, la pleine indépendance a donné un résultat inattendu. L'Amérique, avec ses trente ou quarante Églises, est le seul pays où n'ait jamais paru l'*odium theologicum*, cette ivraie du christianisme. Quand les Églises s'attaquent et s'injurient, soyez sûr qu'il y a un intérêt politique engagé dans la question : on se dispute la protection de l'État. Laissez les gens maîtres de leur foi et de leur Église, ils respecteront leurs voisins : rien n'est pacifique comme la liberté.

§ II. — Liberté d'enseignement.

La liberté d'enseignement découle du même principe que la liberté des cultes. Aussi longtemps que l'Église et l'État, mariés ensemble, se sont attribué la souveraineté des âmes et la direction des esprits, ils ont érigé en article de foi le monopole de l'éducation. L'uniformité à tout prix, c'est là toute la politique du moyen âge; comme s'il était au pouvoir de l'homme d'enfermer la pensée dans un cercle qu'elle ne franchira pas.

A l'origine, c'est à l'Église seule que l'enseignement est confié. Dans la société féodale, il n'y a place que pour des chevaliers, des clercs et des serfs; tout ce qui cultive les lettres prend la tonsure et l'habit religieux. Il n'y a pas de science laïque au moyen âge, par la raison toute simple qu'il n'y a de sécurité et de loisir que dans les chapitres et les couvents. Plus tard, quand la royauté, en réduisant les barons féodaux, donne aux peuples un peu d'ordre et de paix, l'État réclame sa part dans l'éducation; dès lors commence une lutte qui dure encore. L'Église, longtemps maîtresse absolue de l'esprit humain, n'a point abdiqué ses prétentions; l'État, poussé par l'opinion du jour, a plus d'une fois changé de système et de politique. Sous Louis XIV, le clergé enseigne; mais l'État le tient dans une étroite dépendance. Sous Louis XV, le Parlement chasse les Jésuites; la Révolution chasse l'Église elle-même. Napoléon sécularise l'enseignement; mais, pour s'en emparer, il fait de l'Université une espèce de couvent laïque et lui donne à administrer l'âme de ses sujets. La Restauration essaye de rendre l'éducation au clergé; sous le dernier règne on se querelle, et enfin la République proclame la liberté. Que prouve cette lutte séculaire, sinon qu'on a toujours été dans le faux? L'erreur, quand elle entre dans les institutions d'un peuple, ressemble à une épine qui reste dans notre chair. Il y a souffrance, agitation et fièvre jusqu'à ce qu'enfin, par un effort vigoureux, la société se délivre de cet ennemi qui la ronge et la tue.

La liberté est encore ici la solution du problème; mais peut-être cette solution n'est-elle pas bien comprise par l'opinion; et il reste beaucoup à faire pour mettre les institutions d'accord avec le principe que la République a proclamé. Étudions ces deux points.

Pourquoi la liberté d'enseignement est-elle juste

et nécessaire? C'est que notre âme n'appartient qu'à nous. Le citoyen doit à l'État l'obéissance civile jusqu'au sacrifice de sa vie, il ne lui doit pas le sacrifice de sa conscience et de sa raison. L'erreur de la vieille politique, c'est d'avoir voulu donner l'homme tout entier à l'Église et à l'État. A réussir on eût pétrifié l'humanité. L'espionnage, l'inquisition, les bourreaux, les bûchers ont échoué dans cette tâche impie ; on a tué des milliers d'innocents, on n'a point conquis une chimérique uniformité. Cette impuissance de la force nous a éclairés. On a compris enfin que l'unité de la société, comme celle de la nature, est un harmonieux ensemble de variétés infinies. S'emparer des générations nouvelles pour façonner leur esprit au gré de la mode ou des passions du jour, c'est violer la loi des intelligences, qui est la diversité; c'est arrêter court le progrès et donner un démenti à Dieu même. C'est de plus un abominable despotisme. Il y a dans toute vie humaine une part qui ne concerne que l'individu, un élément dont il dispose à ses risques et périls : cet élément, c'est la pensée. Confisquer cette liberté, qui fait la grandeur et la force de l'homme, c'est le dépouiller du premier et du plus saint de ses droits. L'Église sans doute a raison de prétendre à la direction de son troupeau; mais son autorité ne s'étend qu'aux fidèles; pour qui ne l'accepte pas, c'est une tyrannie. Quant à l'Etat, il n'a de droit que sur nos actions, car nos actions seules peuvent nuire à autrui; nos pensées, tant qu'elles ne se traduisent pas en acte, ne regardent que nous. Rien ne peut donc justifier le monopole de l'enseignement dans les mains de l'Église, ni dans celles de l'État.

Est-ce à dire que le pouvoir ne soit qu'un gendarme chargé de la police des rues, et qu'il n'ait aucun intérêt à ce que les citoyens soient éclairés? Tout au contraire, il y a là un intérêt de premier ordre pour la société, dont l'État est le représentant. Mais si cet intérêt justifie la surveillance, et jusqu'à un certain point le concours de l'État, il n'autorise pas le monopole. L'État peut offrir l'enseignement, il n'a pas droit de l'imposer.

Tel est le principe que la République a eu l'honneur de reconnaître, et qui depuis longtemps est appliqué en Angleterre, en Suisse, en Belgique et ailleurs[1]. C'est un démenti donné à tous les

1. En Amérique, l'éducation est complétement en dehors de l'action de l'État; la commune donne l'enseignement primaire, tout le reste est libre. En aucun pays il n'y a une pareille richesse d'enseignement. (1868.)

systèmes prétendus catholiques, monarchiques ou socialistes; c'est la négation du pouvoir politique de l'Église, aussi bien que de l'omnipotence de l'État; c'est la revendication de la souveraineté individuelle; c'est une nouvelle victoire de la démocratie.

Le principe est excellent; reste à le faire passer dans les faits. Ce n'est pas chose aisée chez un peuple dont les institutions, legs fatal d'une vieille monarchie, ont pour elles la force d'inertie, l'esprit de l'administration, les habitudes et les préjugés du public. Pour établir la liberté, il ne suffit pas de l'inscrire dans les lois; il faut la faire entrer dans les mœurs ; c'est là une œuvre lente et difficile qui exige le concours des bons citoyens. Néanmoins c'est beaucoup que de consacrer par la loi une vérité nouvelle : le *commencement*, dit un proverbe grec, *est la moitié du tout.* La liberté, d'ailleurs, a cet avantage, que, si elle trompe quelquefois des espérances excessives, elle dissipe toujours des craintes exagérées. A la voir de près, on s'y habitue; ceux qui l'ont le plus vivement attaquée à l'origine ne sont pas les derniers à en user.

Je ne dirai rien de l'enseignement primaire. Sans doute il y a beaucoup à faire dans cette voie féconde : par exemple, nous avons fait une part trop étroite aux femmes, qui sont nées pour élever l'enfance. Aux États-Unis les maîtresses d'école sont trois fois plus nombreuses que les maîtres. Nous nous effrayons des écoles mixtes ; on les dénonce à la Chambre comme un scandale, tandis que rien ne serait plus aisé que d'en tirer un parti excellent pour adoucir la brutalité de nos petits paysans. Il suffirait pour cela d'imiter les États-Unis et de confier à des femmes la direction de ces écoles. Mais ce sont là des questions de détail qui ne touchent pas au principe même ; il en faut laisser la solution à l'expérience et au temps.

Il est un problème d'un intérêt plus pressant : c'est celui de l'universalité de l'enseignement primaire ; j'en parlerai plus loin. Il est évident qu'une démocratie régulière, c'est-à-dire une société qui remet à l'individu le soin de sa propre vie et lui donne une grande part dans le gouvernement, ne peut se maintenir qu'en répandant à pleines mains l'éducation. Mais ce problème ne touche en rien à la liberté. Quand il serait prouvé que l'État ou la commune a raison d'offrir gratuitement à tous ses membres un enseignement richement doté, il n'en resterait pas moins que chacun est libre d'instruire ses enfants ou de s'instruire soi-même, comme il l'entend. L'utilité de l'éducation, l'intérêt même de la société ne peuvent l'emporter sur le droit du père de famille et de l'individu.

L'enseignement secondaire est libre depuis la République; je n'ai donc point à défendre le principe. Il me semble seulement qu'on use trop étroitement de cette liberté. Comment se fait-il qu'à Paris le clergé, ou des associations libres, n'aient pas multiplié ces colléges d'externes, qui ont le grand avantage de séparer l'instruction et l'éducation, donnant la première à des maîtres éprouvés, laissant la seconde à la famille, que rien ne peut remplacer dans cette œuvre de tous les jours ? Nos lycées d'internes, lycées impériaux ou municipaux, demi-séminaires et demi-casernes, ne sont pas meilleurs pour l'esprit que pour le corps. S'il y manque d'air et d'espace, il y manque plus encore de cette liberté qui, dès l'enfance, apprend à l'individu à se conduire et à se respecter en lui faisant sentir la responsabilité qui partout l'accompagne. L'obéissance passive, nécessaire partout où il y a une agglomération d'hommes, est une mauvaise éducation de la volonté. Elle fait des soldats et des prêtres, elle ne fait pas des citoyens.

L'enseignement supérieur est tout entier dans la main de l'État ; c'est une anomalie que rien n'explique. Il ne m'appartient pas de critiquer le haut enseignement ; j'ai l'honneur d'en faire partie; mon titre de professeur est ce que j'ai de plus précieux et de plus cher au monde; mais le mérite d'un enseignement n'en justifie pas le monopole. Quant à moi, sans vouloir rien supprimer de ce qui existe, j'appelle de tous mes vœux une double concurrence, l'une à l'intérieur, l'autre au dehors. Voici ce que j'entends par ces deux mots.

Il y a plus de vingt ans que, dans la *Revue de législation*, dirigée par M. Wolowski, j'ai demandé la première de ces réformes, et cela, je l'avoue, sans aucun succès. Cependant il suffit de visiter une Université d'Allemagne pour se convaincre qu'au grand avantage de la science, et sans danger pour la paix publique, on peut concilier la liberté d'enseigner et le droit de l'État. Les Universités d'Allemagne, on le sait, ont emprunté leur organisation à notre vieille et célèbre Université de Paris, qui faisait l'envie de la chrétienté, avant que les Valois et les Bourbons n'en eussent réduit et confisqué tous les priviléges. L'enseignement est devenu en France une commission royale ; en Allemagne, il est resté un droit commun, sous certaines conditions qui n'ont rien d'excessif. Au delà du Rhin, tout le système universitaire repose sur un petit nombre de principes éprouvés par un succès de quatre siècles ; ces principes, rappelés en France, y ramèneraient la vie qui manque à nos Facultés. Quels sont-ils ? Les voici : c'est le contre-pied de notre fausse sagesse. Réunion de toutes les Facultés en un seul ensemble (c'est ce que signifie le nom d'Université), parce que les sciences, la médecine, les lettres, le droit, se prêtent un mutuel appui ; professeurs nommés et payés par l'État, et à côté d'eux docteurs libres, admis par l'Université sur une simple thèse ; entière liberté reconnue aux professeurs et aux docteurs d'enseigner sur toutes choses, sous le simple contrôle du sénat universitaire ; libre concurrence accordée aux professeurs entre eux, aussi bien qu'aux docteurs ; liberté complète donnée aux étudiants de choisir leurs maîtres et de diriger eux-mêmes l'ordre de leurs études ; enfin honoraires payés par l'étudiant au professeur ou au docteur qu'il a choisi. *Honos et præmium, de la gloire et de l'argent*, c'est la devise de l'Université de Gœttingue ; chez nous, ces deux puissants ressorts ont été soigneusement brisés. Bons ou mauvais, tous les professeurs sont également payés, sans que ni leurs efforts ni leur talent leur profitent, et il ne faut pas parler de *gloire* quand il n'y a pas de combat. Un professeur français remplit sans doute une fonction très-honorable ; mais il n'a pour se soutenir que le sentiment du devoir. On lui refuse ce qui fait la force du soldat, du médecin, de l'avocat : l'émulation et la fortune, deux filles de la liberté.

Cette réforme intérieure serait-elle suffisante ? Non, l'esprit du temps exige davantage. En tout pays libre, il est permis aux citoyens de fonder des Universités, à la seule condition d'obtenir de l'État une charte d'incorporation. Ainsi a été fondée l'Université de Londres, ainsi ont été établies les Universités de Bruxelles et de Louvain. Il n'y a aucune raison politique ni scientifique qui puisse autoriser l'État à garder pour lui seul l'enseignement des lettres, des sciences, du droit, de la médecine. Toutes ces études vivent de liberté ; on n'en saurait trop faciliter l'accès.

En France il y a, en outre, une raison religieuse qui me paraît d'un poids considérable. L'Église catholique, c'est-à-dire une communion à laquelle appartient la grande majorité des

Français, se plaint que l'enseignement officiel des lettres et des sciences est dirigé contre la révélation ; elle demande à enseigner à sa façon la philosophie, l'histoire, la philologie, la géologie, la médecine. Que ces plaintes soient ou non fondées, il n'importe ! le droit me paraît incontestable. Quand l'Église veut imposer son orthodoxie à toutes les écoles du pays, elle a tort : c'est une usurpation sur la conscience d'autrui : mais quand elle réclame pour elle la liberté qu'elle laisse aux autres, elle a raison. De quel droit peut-on me blesser dans ma foi, en m'imposant un enseignement que mon Église repousse? Qu'on ne dise pas que c'est au nom de la vérité ; on justifierait l'inquisition. Le grand principe qui a affranchi la société moderne, c'est que la vérité, ou la prétendue possession de la vérité, ne donne à personne l'odieux privilége de forcer la pensée d'autrui. C'est d'ailleurs un pauvre savant que celui qui s'imagine tenir la vérité tout entière; la science se renouvelle tous les vingt ans ; c'est d'erreurs en erreurs que nous approchons d'une lumière qui fuit toujours. Ne fût-ce que par intérêt pour la science et pour nous-mêmes, laissons à chacun le droit de se tromper.

On se plaint en France que la province est

morte, et qu'il n'y a de vie intellectuelle qu'à Paris ; on remarque avec raison qu'il en est autrement en Allemagne, et qu'on y trouve dans des villes de dix mille âmes, comme Heidelberg, des ressources qui manquent à Lyon et à Bordeaux. Suivant moi, la principale raison de cette inertie, c'est le monopole et la mauvaise organisation du haut enseignement. Disséminer au hasard quelques facultés de sciences ou de lettres, avec six ou huit professeurs sans étudiants, c'est jeter au vent l'argent du public. Imitez l'Allemagne, fondez des Universités, ou, mieux encore, permettez à la province d'en fonder elle-même, vous aurez des centres littéraires, et cette vie intense que vous regrettez. Pourquoi n'y a-t-il pas d'université à Lyon, la capitale du Midi ? Parce que le gouvernement s'y oppose. Grenoble est perdu, Montpellier se croit menacé si on met à Lyon des facultés de droit et de médecine. Laissez les Lyonnais maîtres de leurs actions, vous aurez bientôt aux bords du Rhône, un grand établissement rival de Paris. Quatre facultés réunies et constituées à l'allemande vous donneront soixante ou quatre-vingts professeurs, avec bibliothèque, salle d'anatomie, clinique, cabinet de physique, académie, journaux et le reste. Donnez en France à l'Église catholique la liberté que lui accorde la Belgique, vous aurez demain à Toulouse ou ailleurs une Université comme celle de Louvain; vous aurez ranimé une ville tout entière. La vie est partout en France, mais étouffée, mais comprimée par la centralisation, et de toutes les formes de la centralisation, la moins justifiable assurément c'est la centralisation intellectuelle. Le mal dont nous nous plaignons est l'œuvre de nos mains.

Jusqu'à présent je n'ai parlé que de l'instruction primaire et de l'éducation littéraire; il n'y en avait pas d'autre dans notre ancienne société. Mais aujourd'hui tout est changé; l'industrie est la reine du monde; nous sommes un peuple de producteurs. Il faut donc un enseignement qui prépare au travail matériel sous toutes ses formes; c'est ce qu'on nomme l'enseignement professionnel.

Cet enseignement, chacun le demande, et personne n'en a peur, car il ne touche point à la politique. Le gouvernement lui est favorable; on vient de nommer une commission pour s'en occuper. Mais le programme même du ministre montre que, si l'on a de bonnes intentions, on ne comprend pas les conditions nouvelles de la société. Le ministre veut que la commission examine si c'est l'État, ou le département, ou la commune qui doit se charger d'organiser cet enseignement, ou si chacun d'eux doit concourir à cet établissement dans une certaine mesure; c'est toujours le système qui fait venir d'en haut la lumière et la vie. Aujourd'hui, au contraire, persuadons-nous que tout vient d'en bas, c'est-à-dire de la société. L'État n'a plus, ou du moins ne doit plus avoir d'autre fonction qu'une surveillance générale qui intéresse l'ordre public plutôt que l'enseignement.

Avant de demander à la commune d'organiser l'enseignement professionnel, pourquoi ne fait-on pas appel à l'individu, ou pour mieux dire à l'association? Est-ce que les filateurs et les imprimeurs de Mulhouse, les chimistes de Marseille, les fabricants de Lyon ne sont point en état de comprendre ce qui leur manque? Sont-ce des égoïstes que l'avidité aveugle sur leurs propres intérêts? Est-ce l'argent qui les arrête? Non, c'est le défaut de liberté. Laissez-les s'associer et agir, vous aurez vos meilleures écoles; des écoles qui naîtront là où elles sont nécessaires, et dont l'organisation sera forcément bonne, parce qu'elle répondra à des besoins réels. Peut-être l'enseignement ne sera-t-il pas tout d'abord aussi complet qu'on pourrait le souhaiter; mais du moins ne sera-t-il jamais inutile. Mieux que personne un patron sait quelle est l'étude qui convient au contre-maître et à l'ouvrier.

A côté des individus laissez les communes, laissez les villes industrielles fonder des écoles professionnelles et les administrer à leur goût. Ne les empêchez pas de chercher leur voie. Ne craignez pas des tâtonnements qui nous instruiront tous. Vous n'aurez pas ainsi des écoles organisées comme les compagnies d'un même régiment; vous aurez, ce qui vaut mille fois mieux, une variété d'enseignement qui répondra à la diversité des fabrications; en même temps vous ramènerez cette vie municipale, dont la langueur est la langueur même du pays.

C'est là, c'est dans l'association, c'est dans la commune qu'il faut laisser le foyer de l'enseignement professionnel; car c'est là seulement qu'on peut juger de ce qui est nécessaire et de ce qui est utile. Que le département encourage ces établissements, que l'État en fasse autant, non point en se mêlant de réglementer et de gouverner, mais en créant des bourses dans les écoles qui prospèrent, c'est-à-dire en ajoutant à la vie là où la vie existe déjà : rien de mieux. Mais si vous renversez l'ordre naturel des choses, si vous en revenez à votre fiction de l'État instituteur universel, infaillible tuteur du peuple en minorité, vous n'aurez que des créations de serre chaude, des enseignements de luxe, établis à grands frais là où ils ne sont pas viables; vous aurez enfin, ce qui est la plaie de l'Université de France, une triomphante et stérile uniformité. Voulez-vous faire sans danger l'expérience du libre enseignement et de ses bienfaits? laissez les écoles professionnelles s'établir d'elles-mêmes. Suivez l'exemple de l'Angleterre et des États-Unis. Ne faites rien, n'empêchez rien. C'est un rude conseil pour des oreilles françaises; il n'en est aucun qui nous soit plus nécessaire, et qui puisse nous faire plus de bien.

L'enseignement régulier n'est pas tout ; ce n'est pas seulement la jeunesse qui a besoin d'apprendre. En un pays libre, l'instruction est de tous les jours et de toutes les heures. On multiplie les *lectures*, c'est ainsi qu'on appelle ces leçons payées ou gratuites, que des hommes instruits donnent au public sur toute espèce de sujets. A Londres, à Boston, à Genève, à Lausanne, à Gand, à Berlin, à Munich, ces lectures sont entrées dans les mœurs ; chez nous elles sont soumises à l'autorisation de la police, et Dieu sait si la police est avare de ces permissions. Cette année même (1863), à Paris, n'a-t-on pas refusé d'autoriser quelques lectures, dont le prix devait profiter aux pauvres ouvriers cotonniers ? Le refus, selon moi, n'était guère politique ; mais ce qu'il y a de plus étrange, c'est une des raisons qu'on a données. Le ministre de l'instruction publique[1], a-t-on dit, pourrait voir dans ces lectures une *concurrence* faite à l'Université. Une concurrence, c'est-à-dire le double enseignement d'une même science, la rivalité d'un maître libre et d'un professeur payé par l'État ? Quoi donc ! il peut y avoir dans un pays trop d'enseignement, trop de maîtres, trop de science, trop de vérité ? Pourquoi pas aussi trop de capitaux, trop de travail, trop de machines? Certes, si j'avais été ministre de l'instruction publique, j'aurais protesté, au nom de l'Université, contre une théorie qui n'est pas sans danger. L'État enseignant, c'est déjà un fait énorme ; mais l'État prétendant au monopole de toute science et de tout enseignement, cela est odieux et ridicule ; c'est

1. M. Rouland.

la plus folle des usurpations. Si l'Université avait une aussi funeste ambition, elle en serait la première victime; elle conjurerait contre elle tous les amis de la lumière et de la vérité.

Donnez donc pleine liberté à ces lectures qui non-seulement instruisent le peuple, mais qui rapprochent le riche et le pauvre, le savant et l'ignorant, et en les rapprochant les unissent par le lien d'un service rendu. On se plaint que les ouvriers et les bourgeois sont divisés, qu'il y a chez les premiers un fond de jalousie, chez les seconds un fond de crainte et de défiance ; voulez-vous n'en faire qu'un même peuple ? apprenez-leur à se connaître, ouvrez des salles de lectures et d'enseignement public. En Angleterre, ce ne sont pas seulement des savants et des littérateurs de profession, ce sont des membres du Parlement, des pairs d'Angleterre qui se plaisent à instruire et à éclairer leurs concitoyens. Quand lord Brougham a-t-il laissé perdre une occasion de parler? Lord Carlisle a parcouru l'Angleterre, pour raconter de ville en ville aux ouvriers anglais ce qu'il avait remarqué parmi les ouvriers des États Unis. Pourquoi n'en ferait-on pas autant en France? Qui ne serait honoré de parler à ces âmes neuves, et qui ont soif d'instruction ?

Pour moi, j'en serais heureux et fier; je crois de plus qu'un pareil cours profiterait au maître lui-même, et lui donnerait le véritable ton de l'enseignement. Dans nos auditoires officiels, on parle un langage qui a quelque chose de conventionnel; on y est littéraire et disert, rarement on y est éloquent. Pour retrouver le grand langage de l'antiquité, il faut parler au peuple cœur à cœur [1].

Est-ce tout? Non, il faut encore des bibliothèques populaires; c'est un des besoins du jour, une des choses que les ouvriers, les employés, les étudiants désirent le plus vivement. Ces bibliothèques ont trouvé faveur auprès de M. de Persigny, dans son ministère; la société Franklin a été fondée pour les encourager. Cela est bien; mais il faudrait écarter des formalités et des gênes administratives, faire un droit de ce qui n'est qu'une faveur; autrement, de petites défiances, des craintes chimériques paralyseront dès le début ce qui peut être une grande et pacifique insti-

1. M. Duruy, le nouveau ministre de l'instruction publique, a autorisé et favorisé ces *lectures* qui effrayaient la prudence de son prédécesseur, M. Rouland. Le succès des lectures de la salle Barthélemy et de la Sorbonne a prouvé une fois de plus l'innocence de la liberté. (1865).

tution. Aux États-Unis ces bibliothèques ont porté des fruits admirables; je ne vois pas qu'on y ait jamais aperçu l'ombre d'un danger[1].

Enfin, à tous ces moyens il faut joindre le grand véhicule de l'enseignement universel, la presse, le journal, véritable locomotive de la civilisation moderne. Nous en avons tellement peur que nous sommes sans cesse occupés à l'entraver, ce qui est à peu près aussi sage que de repousser l'emploi de la vapeur, parce qu'une fois sur cent millions une chaudière éclate. Il n'y a que le journal qui puisse porter partout mille enseignements de toute espèce, mais pour cela il faut qu'il soit le meilleur marché et le plus grand possible. Le meilleur marché, parce qu'en notre pays il n'y a foule que de petites bourses; le plus grand, parce que plus un journal est grand et moins il est partial. Pour remplir ses colonnes il lui faut doubler le *Moniteur*, et insérer tous ces rapports, tous ces comptes rendus qui permettent au lec-

1. Comme président d'une de ces bibliothèques, celle du cinquième arrondissement de Paris (quartier du Panthéon), j'ai déjà pu constater depuis un an la fécondité de la liberté. Bienveillance et concours des riches, zèle des ouvriers, rien n'a manqué à cette institution naissante, qui semble appelée à un bel avenir. (1865.)

teur de se former une opinion, et d'avoir un autre avis que celui de son journal. Ce sont là des axiomes, en fait de journalisme; en Belgique, la loi les a consacrés, à l'exemple de l'Angleterre, de l'Amérique et de la Suisse. Il n'y a point de timbre sur les journaux belges, et la poste les transporte dans tout le pays à un centime la pièce. En France la poste est chère; le timbre l'est aussi, et le fisc, toujours ingénieux, a imaginé le timbre de proportion [1], qui empêche le journal de grandir. C'est toujours le même système; on a tellement peur du feu, qu'on éteint la lumière. Voilà ce qu'il faut changer. Si le fisc ne peut lâcher sa proie, qu'on mette un impôt sur les annonces, impôt proportionnel au tirage, mais, au nom de l'éducation populaire, qu'on laisse circuler les journaux [2].

En parlant des cours publics, des lectures, des journaux, je n'ai rien dit du danger qu'ils peu-

1. Supprimé, ou du moins arrêté au maximum de cinq centimes par la loi sur la presse de 1868.

2. Le succès du *Petit Journal* a prouvé combien le besoin de lecture est général en France. Que serait-ce si la suppression du timbre et la réduction du droit de poste permettaient de donner à bas prix un journal qui fût autre chose qu'un amusement (1865)? Le timbre est enfin supprimé. On l'a remplacé en partie par un droit sur le papier, droit beaucoup plus faible, et qui, nous l'espérons, ne durera guères. (1871.)

vent offrir; c'est pourtant ce danger qui jusque aujourd'hui a été l'excuse et le prétexte de la prohibition. Sur ce point la réponse est aisée : s'il y a des délits, déférez-les aux tribunaux; les amis de la liberté ne demandent pas l'impunité. Ce qu'ils demandent, c'est qu'on en finisse avec le système préventif et l'administration, qui n'est que le système préventif organisé.

Nous sommes aujourd'hui en présence de deux formes de gouvernement. L'une, qui appartient au passé, et qu'on a nommée assez justement *le despotisme éclairé*, a pour devise qu'*il vaut mieux prévenir que réprimer*. La seconde, qui est celle des pays libres, a pour devise : *ne prévenez pas, réprimez*. C'est entre ces deux formes qu'il faut choisir.

La première maxime a pour elle une apparence de sagesse qui a longtemps séduit les esprits; mais il est aisé de voir qu'en politique elle aboutit au despotisme et à l'immobilité. L'homme est fait pour agir à ses risques et périls. C'est sa responsabilité qui fait sa force et sa grandeur. On tombe en essayant de marcher, on se blesse en maniant un outil, on se ruine en cherhant la fortune, on se noie en passant la mer; cependant l'État n'imagine pas aujourd'hui d'empêcher les citoyens de remuer, de naviguer, de se servir de leurs mains et de leur argent. Cette maxime fameuse n'a donc qu'une portée très-courte; elle est à l'adresse des magistrats dont le devoir est d'arrêter, avant l'entier achèvement, un crime déjà commencé; mais elle ne va pas plus loin, elle ne concerne en rien l'exercice de nos facultés. Juste dans ces étroites limites, cette doctrine est fausse et mauvaise dès qu'on veut l'étendre hors de son domaine; car, pour prévenir un mal incertain, elle empêche le bien de se faire. C'est une politique d'enfant. La Révolution française est tout entière dirigée contre cette vaine sagesse; le véritable bienfait de 1789 c'est d'avoir émancipé l'individu et aboli la tutelle de l'État.

Le système qui a pour devise : *ne prévenez pas, réprimez*, est le seul qui convienne à la société moderne, encore bien qu'il effraye des âmes timides et trop éprises du passé. Abolir les gênes administratives, ce n'est point livrer le monde aux désordres des passions mauvaises, c'est tout au contraire établir le règne de la justice et des lois. Le principe libéral remet à chaque citoyen l'entière disposition de ses facultés et de ses forces. Sans doute l'abus est inséparable de l'usage; mais supprimer l'usage afin de prévenir l'abus, est-ce une politique sensée? Non, à moins qu'on ne déclare que l'homme est un être malfaisant de nature, et qu'il faut contenir sans cesse entre le soldat et le bourreau. On n'a pas encore imaginé une force, un outil, qui ne puisse servir au mal comme au bien : on blesse avec une hache, on assassine avec un fusil, on vole avec de fausses clefs ; a-t-on jamais pensé à suprimer les haches, les fusils et les clefs ? Non, on se contente de punir les meurtriers et les voleurs. On respecte l'usage, on réprime l'abus. Ainsi en est-il de la parole publique et des journaux ; il n'est pas impossible qu'une fois par hasard un misérable n'en fasse un emploi criminel, mais il faut compter par millions les services de toute espèce que les honnêtes gens en tirent ou en reçoivent chaque jour. Par crainte de l'ivraie, faut-il arracher la moisson ?

§ III. — Liberté de la charité.

Il est encore une liberté qui tient de près à la liberté religieuse, c'est la liberté de la charité. Nous sommes tellement habitués à laisser l'administration se charger de nos propres affaires, que nous abandonnons à des commissions et à des bureaux de bienfaisance l'exercice de la plus chrétienne et de la plus personnelle de toutes les vertus. C'est l'impôt qui nous permet, ou plutôt qui nous oblige, d'être charitables par procuration. Je ne demande pas qu'on supprime ce qui existe; mais à côté des efforts que font la commune et le département, efforts toujours insuffisants, tant la misère est féconde, laissons les citoyens s'associer ensemble, et faire la charité pour leur propre compte, en leur nom et à leur façon. A Londres il y a une foule d'hospices et de refuges soutenus par souscription volontaire, administrés par des comités électifs; l'État ne s'en mêle que pour donner la charte d'établissement. C'est ainsi que dans un quartier de Londres, à Brompton, j'ai vu un hospice pour les femmes phthisiques, hospice entretenu par des souscriptions de vingt-cinq francs par an. C'était de la charité démocratique et individuelle; en est-elle moins touchante et moins bonne? Que représente l'Hôtel-Dieu à l'ouvrier qui passe le long de ses sombres murs? Une espèce de caserne administrative où l'on porte les malades, et dont l'impôt paye les frais. Que représente le petit hospice de Brompton à l'ouvrier qui regarde ce modeste édifice? Un asile offert par des amis et des concitoyens; la véritable *maison de Dieu*, parce que la charité l'a fondée, et que la charité seule la maintient. A ne considérer les choses qu'au point de vue politique, quelle différence entre les deux émotions? D'un côté la confiance dans une société qui vient au-devant de la misère, où la charité est l'œuvre de chacun; de l'autre... demandez aux ouvriers ce qu'ils pensent de l'Hôtel-Dieu.

Le Français, que par provision on déclare toujours incapable, n'aurait-il donc point le cœur assez tendre et la main assez large pour soulager ceux qui souffrent? Sans vanité nationale, on peut dire qu'il n'y a pas de peuple plus secourable que le nôtre. Est-ce l'esprit d'organisation qui nous manque? Nous n'avons que trop de goût pour la discipline. Soldats, même dans la vie civile, nous sommes toujours prêts à nous enrégimenter sous un drapeau. Qu'on nous permette donc de vivre, qu'on ait un peu de confiance dans l'homme et dans le citoyen. S'il élève quelque part une force indépendante, respectez-la au lieu de l'anéantir; laissez-lui déployer son énergie et répandre ses bienfaits. Ouvrez pleine carrière à toutes les associations charitables. Qu'elles se nomment société de Saint-Vincent-de-Paul ou ateliers de francs-maçons, qu'elles soient catholiques, protestantes ou israélites, qu'elles aient ou non un symbole religieux, que vous importe? C'est le privilége qui est dangereux, ce n'est pas la liberté. Laissez toutes les églises, toutes les écoles, tous les partis rivaliser dans cette arène pacifique. Vous verrez alors de quoi la France est capable, et si elle n'est pas par excellence la terre de la bienfaisance et de la charité.

§ IV. — Liberté d'association.

Parlerai-je maintenant des associations industrielles et commerciales qui sont une autre branche des libertés sociales? Cela me paraît peu nécessaire; les faits sont là, l'opinion est convertie. On a compris enfin qu'en émancipant, et pour ainsi dire en individualisant l'industrie, la Révolution française n'avait fait que la moitié de son œuvre; on a senti que l'association qui double les capitaux et les forces était aussi une forme légitime de la liberté. De ce côté, depuis vingt ans nous avons marché à pas de géant. Non pas qu'il ne reste beaucoup à faire; pour le crédit, par exemple, nous ne sommes encore qu'à l'enfance de l'association, mais c'est l'enfance d'Hercule, et tant de miracles dont nous sommes témoins nous habituent à respecter la force qui les produit.

Sur ce point je ne ferai donc qu'une réflexion.

Il y a trente ans on déclarait que l'esprit d'association était étranger à la France. C'était à l'Angleterre qu'on demandait des capitaux, c'est à elle que pour construire les premiers chemins de fer on empruntait de l'argent, des ingénieurs et des ouvriers. Aujourd'hui nous faisons concurrence aux Anglais. Ce sont des capitalistes et des ingénieurs français qui construisent les chemins de fer en Espagne, en Italie, en Russie. Ce sont des Français qui ont entrepris de percer l'isthme de Suez; ce sont des Français qui veulent réunir l'Océan au Pacifique. Qu'est donc devenue cette incapacité naturelle qu'on nous jetait à la tête pour nous refuser toute liberté d'action? Cette impuissance prétendue s'est évanouie le jour où l'on a eu confiance en nous, le jour où la loi, brisant d'inutiles entraves, a rendu aux citoyens le droit d'associer leurs capitaux, leur bras et leur volonté. Est-ce là une leçon stérile? Ne comprendra-t-on pas que le grand ressort, ou, pour mieux dire, le père de toutes ces merveilles, c'est l'esprit français? Si cet esprit, délivré de ses chaînes séculaires, a fait des prodiges en industrie, suppose-t-on qu'il sera moins puissant quand il s'agira de religion, d'enseignement, de charité? Ne sent-on pas que si nous avons fait de grandes choses quand il nous a été permis de mettre en commun notre argent et nos idées, nous en ferons de plus grandes encore, quand à notre argent et à nos idées nous pourrons joindre ce qu'il y a de plus énergique dans le cœur humain : l'amour et la foi ?

Quand je songe à ce qu'un mauvais système administratif nous fait perdre de forces et d'activité, tandis que la liberté éperonne et pousse en avant le peuple anglais, je me demande, en soupirant, s'il ne se trouvera jamais en France un homme d'État pour comprendre que si, depuis deux siècles, l'Angleterre a été plus riche et plus puissante que nous, si elle a porté plus loin ses navires, ses marchandises, ses colons, sa langue, sa religion, ses idées, ce n'est pas à la supériorité de son génie qu'elle doit cette fortune, c'est à l'excellence de sa politique. A armes égales, ou, pour mieux dire, à liberté égale, nous ne craignons pas la concurrence : nos progrès industriels le prouvent assez ; mais depuis deux siècles cette liberté, on nous la refuse, et nous en sommes réduits à la douloureuse prière d'Ajax :

Grand Dieu ! rends-nous le jour et combats contre nous !

V

LIBERTÉS MUNICIPALES.

Les libertés sociales dont nous avons parlé jusqu'à présent s'exercent par la réunion volontaire d'un certain nombre de citoyens ; mais il y a en tout pays des communautés locales, des groupes naturels qui existent par la force des choses, et qui ont aussi des intérêts et des droits particuliers. Dans toute société vraiment libre, l'État respecte ces droits qui ne lui appartiennent pas.

Le premier de ces groupes naturels est la commune, c'est-à-dire l'ensemble des citoyens qui habitent une même ville, un même village, un même hameau. Le voisinage et la vie commune engendrent nécessairement certains rapports entre les habitants d'un même endroit : il faut une police ; il y a des dépenses nécessaires et des

8.

biens communs. Ces rapports purement locaux sont d'un ordre distinct, ils ne touchent en rien aux relations qui unissent le citoyen à l'État. A qui appartient le règlement de ces rapports, sinon aux seuls intéressés ? Pourquoi l'être collectif qu'on nomme *commune* n'aurait-il pas sa liberté propre aussi bien que l'individu ?

C'est ce qu'on a senti chez les peuples libres. Il n'en est pas un seul qui de la commune n'ait fait l'école primaire de la liberté. Il n'en est pas un seul qui n'attribue sa force ou sa fortune à la vie communale. L'Italie, l'Espagne, la Flandre au moyen âge, la Hollande, la Suisse, la Belgique, l'Angleterre, les États-Unis, autant de pays municipaux. Nations prospères, libres communes ; s'il est un fait attesté par l'histoire, c'est celui-là.

En France les libertés publiques et les libertés municipales ont toujours marché du même pas ; elles ont grandi ensemble, elles sont tombées du même coup. Au douzième, au treizième siècle, les communes affranchies s'élèvent rapidement ; elles sont protégées par la royauté qui s'en sert comme d'un coin pour faire éclater l'arbre féodal. Ce sont de petites républiques qui ont leur gouvernement propre, leurs finances, leur justice et leur armée. Riches par l'industrie, puissantes par leurs franchises, les cités du moyen âge bâtissent ces hôtels de ville, ces beffrois, ces cathédrales, ces remparts, qui restent aujourd'hui comme témoignage d'une grandeur passée. Dès le quatorzième siècle, la royauté qui n'a plus besoin des communes les jalouse et les réduit. Les Valois sont les ennemis déclarés de tout ce qui gêne l'unité de leur pouvoir ; toute liberté leur fait peur. Louis XIV est l'héritier politique des Valois ; c'est lui qui a le triste honneur de porter le dernier coup aux franchises municipales ; c'est lui qui lègue tout ensemble à ses successeurs la monarchie absolue et la révolution.

L'Assemblée constituante releva les communes. Elle eut la gloire de comprendre et de proclamer que la commune existe par elle-même, qu'elle a des droits propres, des droits naturels [1], et que

1. La loi du 14 décembre 1789, qui, suivant le savant Henrion de Pansey, est *la loi la plus sage et la plus méditée de toutes celles que nous devons à l'Assemblée constituante*, attribuait ou plutôt restituait à la commune : 1° l'administration des biens et revenus communs ; 2° le vote des dépenses et des impositions locales ; 3° la voirie communale et les travaux publics à la charge de la communauté ; 4° la police municipale, c'est-à-dire le droit de faire des règlements sur tout ce qui concerne la propreté, la salubrité, la sûreté et la tranquillité des rues et lieux publics ; et le droit de faire exécuter ces règlements par des agents municipaux soutenus au besoin

l'exercice de ces droits ne peut appartenir qu'à des mandataires librement élus par des citoyens. Suivant son usage, la Convention parla beaucoup des droits de l'homme et confisqua le pouvoir municipal ; elle gouverna les communes par ses agents nationaux et ses comités révolutionnaires. C'est avec le despotisme qu'elle comptait fonder la liberté.

La constitution de l'an III, tout en respectant les communes, essaya de créer une unité municipale plus grande ; elle organisa le canton à l'imitation du *township* américain. Avec le Consulat disparurent les derniers vestiges d'indépendance communale. On voulait, disait-on, un pouvoir fort ; on entendait par là un régime où la volonté d'un homme faisait loi. Sous l'Empire, la France fut une armée disciplinée et commandée par des officiers civils qui n'avaient de devoirs qu'envers l'empereur, j'allais dire le général en chef. Aussi a-t-on justement comparé les communes de cette époque à des pelotons qui s'avançaient au commandement de *marche!* et s'arrêtaient au commandement de *halte!*

par une justice municipale ou tribunal de simple police. Cette détermination des attributions municipales me paraît exacte, je ne crois pas qu'il y ait lieu de l'étendre ni de la réduire.

« Les officiers municipaux, dit M. Dupin [1], ne furent que des agents impériaux. Au lieu de travailler à se concilier par de grands ménagements la bienveillance de leurs concitoyens dont ils n'attendaient plus les suffrages, ils ne cherchèrent trop souvent qu'à plaire au maître en faisant sa police politique, en lui expédiant force conscrits, et en rédigeant ces plates et serviles adresses où, se constituant les prétendus organes de leurs communes, ils offraient libéralement la bourse et la vie de ceux qu'ils commençaient à appeler leurs administrés. »

L'*unité du grand empire*, tel est le mot que Napoléon avait toujours à la bouche [2] ; c'est au nom de cette unité qu'il anéantissait toute liberté municipale, comme si l'unité d'un État était une uniformité mécanique, et non pas une organisation vivante et multiple. Ce système, qui mettait en interdiction les communes, détruisit toute vie locale, et eut de plus ce défaut, que la tutelle

1. *Lois des communes*, Introd., p. 63. J'emprunte cette citation à un livre fort bien fait, dont je recommande la lecture à tous ceux qu'intéresse la liberté municipale : *Essai sur le droit communal de la Belgique*, par A. Giron, professeur à l'université de Bruxelles, Bruxelles, 1862.

2. Benjamin Constant, *Cours de pol. const.*, t. I, p. 291, Paris, 1861.

ruina le protégé. Sans consulter les contribuables, on rétablit les octrois que l'Assemblée constituante avait supprimés, on disposa des recettes locales sans l'aveu des communes[1] ; et, enfin, le décret du 20 mars 1813 consomma la spoliation en attribuant à la caisse d'amortissement tous les immeubles communaux, à la charge, il est vrai, pour l'État de donner en payement aux communes des rentes cinq pour cent, jusqu'à concurrence du revenu net des biens cédés. C'est de cette façon qu'en 1814 plusieurs communes se trouvèrent aussi complétement ruinées que les émigrés, et cependant, disait le malin Fiévée, *on ne pouvait les accuser d'avoir quitté le territoire*[2]. Si la centralisation a pour certaines gens le grand mérite de nous délivrer de tous les désordres de la liberté, on voit qu'elle n'est pas toujours la meilleure gardienne de la fortune publique. La liberté a, dit-on, le défaut d'être prodigue et de coûter fort cher ; ce n'est pas mon avis. Je crois que les gouvernements absolus sont les plus ruineux de tous ; mais, à supposer qu'elle ne soit pas

1. Dupin, *Lois des communes*, Introduction, p. 70 ; Giron, p. 114.

2. *Lettre sur le projet d'organisation municipale*. Paris, 1821, p. 4.

bon marché, la liberté a du moins cette vertu, qu'elle ne prend jamais le bien des citoyens sans leur aveu; c'est le contraire de l'administration, qui se charge de nos affaires malgré nous, et se trompe à nos dépens.

La Restauration ne changea rien à la loi communale. Suivant une expression du temps, *on couchait dans le lit de Bonaparte;* j'ajoute qu'on ne se donnait même pas la peine d'en changer les draps. Ce fut la Charte de 1830 qui promit des institutions municipales fondées sur un système électif; ce fut la loi du 21 mars 1831 qui les donna. Insuffisante en certain points, cette loi a produit de bons résultats; il eût suffi d'abolir certaines restrictions pour doter la France de cette liberté communale qu'elle réclame depuis si longtemps.

Par malheur, ce n'est pas vers la liberté qu'on a marché. Si la constitution de 1848 a établi le suffrage universel et agrandi le cercle électoral, en revanche, la constitution de 1852 a ressuscité, entre autres traditions impériales, une de celles qu'il eût mieux valu ne pas réveiller. Le chef du pouvoir exécutif peut prendre les maires et adjoints en dehors du conseil municipal, on sait comment l'administration use de cette faculté.

Ce système est inconciliable avec la liberté municipale. Qu'est-ce que le maire, suivant la loi de 1831, et j'ajoute, suivant la loi des choses? C'est un fonctionnaire mixte, agent de la commune qui l'a élu comme un de ses mandataires, agent de l'État qui l'a choisi parmi le conseil municipal. Ce double caractère est essentiel à un officier public qui représente deux ordres d'intérêts et de droits, non pas opposés, mais différents. Si le pouvoir seul nomme le maire et fait d'un étranger le chef de la municipalité, qui donc représente la commune? C'est la tutelle du premier empire mitigée par un conseil électif qu'on dissout et qu'on remplace à volonté.

Si l'on a l'intention sérieuse de ranimer la vie municipale, il faut revenir à d'autres principes, et ne pas marchander à la commune la part qui lui appartient dans le choix de son agent [1]; mais ce n'est pas tout. Il faut renouveler la loi de 1831, en supprimant ce luxe d'autorisations, d'approbations, de nominations préfectorales qui ne laisse

1. Aujourd'hui les communes nomment elles-mêmes leurs maires, il n'y a d'exception que pour les villes qui ont plus de 20,000 habitants. Cette exception disparaîtra quelque jour. Elle ne sert de rien au gouvernement et souvent même le compromet. (1871.)

aux communes que l'ombre de la liberté. En ce point, la loi belge peut nous servir de modèle; c'est la fidèle expression des principes de l'Assemblée constituante; c'est notre loi du 14 décembre 1789, rétablie avec les modifications que l'expérience a suggérées. Pour faire une loi qui concilie la liberté communale avec les exigences d'un bon gouvernement, il a suffi de rattacher plus étroitement les administrations locales à l'administration centrale, en exigeant l'autorisation du roi ou de la députation provinciale pour certains actes strictement déterminés, en donnant au pouvoir exécutif le droit de confirmer et au besoin de révoquer les agents municipaux.

Comparer en détail les deux législations serait impossible en ce moment. Une réflexion suffira pour montrer la différence de leur esprit. Initiative et responsabilité, voilà les deux conditions de la liberté; ce sont les deux choses que le législateur belge assure à la commune dans le cercle où elle se meut; ce sont les deux choses que la loi française lui refuse ou lui marchande avec une perpétuelle jalousie. On dirait que maires et communes ne sont faits que pour recevoir d'en haut la direction de leurs propres affaires; on choisit pour eux, sans les consulter, jusqu'à leurs gardes champêtres et aux commis de leurs octrois. Ce n'est pas ainsi qu'on fonde l'esprit de liberté. Se gouverner soi-même, c'est ce qui fait un homme, une commune, un peuple; et se gouverner, c'est agir à ses risques et périls, sans avoir rien à espérer ni à craindre de personne. Que la loi détermine la sphère de l'activité municipale, qu'elle empêche le maire et le conseil d'en sortir, rien de mieux; mais dans ces limites, laissez pleine liberté aux habitants; ne réduisez pas les citoyens à mendier comme une faveur ce qui leur appartient comme un droit.

Les excès de la centralisation ont été poussés si loin, qu'on a senti la nécessité d'y porter remède: on a parlé de décentralisation; mais l'administration est tellement infatuée de sa propre sagesse et si intimement convaincue de l'incapacité native des Français, que ce mot de décentralisation elle ne le comprend pas, ou, pour mieux dire, elle veut bien donner le mot mais non la chose. Décentraliser, à prendre ce terme dans son sens naturel, c'est retirer au pouvoir central certaines attributions et les restituer à l'individu, à la commune, à l'ensemble des citoyens. Décentraliser, au sens administratif, c'est réduire le nombre des formalités et des paperasses, et donner au préfet un pouvoir plus prompt et plus fort. A cette réforme, la commune gagnera du temps; mais en quoi sera-t-elle plus libre? A vrai dire, elle y perdra plus d'une garantie. Soumis aux influences locales, un préfet est moins clairvoyant et moins indépendant qu'un chef de bureau qui siége à Paris. Accroître l'autorité du préfet, ce n'est pas, que je sache, émanciper les communes ni réveiller chez les habitants ce sentiment d'indépendance qui fait les citoyens; tout au contraire, c'est aggraver le régime qui ne voit dans les Français qu'un troupeau sans raison, toujours conduit par d'infaillibles bergers. Est-ce là ce que demande le pays?

Il est impossible de parler de liberté municipale sans songer à la situation de Lyon et de Paris [1]. Sous l'Empire et sous la Restauration, Paris fut administré comme une ville conquise; les tristes souvenirs de la commune révolutionnaire effrayaient le gouvernement. Il fallut les événements de 1830 pour ramener le pouvoir à des

1. Paris et Lyon ont retrouvé leur liberté municipale. On verra bientôt que le conseil municipal de Paris, élu par tous les citoyens, ne sera pas moins conservateur qu'une commission nommée par le gouvernement. Peut-être même saura-t-il mieux ménager les finances de la ville et les intérêts de la cité. (1871.)

idées plus justes; on comprit enfin qu'il n'y avait rien de commun entre la souveraineté anarchique de la municipalité de 1792, et le droit reconnu aux contribuables de voter et de contrôler le budget qu'ils payent tous les jours. La loi du 20 mars 1833 accorda à la ville un conseil municipal, dont les attributions étaient si clairement définies et si inoffensives, que durant quatorze ans le conseil municipal rendit des services perpétuels et ne donna pas une heure d'inquiétude au gouvernement. En 1848, on eut le grand tort de destituer le conseil et de le remplacer par une commission. Au lieu de fonder la jeune république sur le respect de la liberté, on rentrait dans l'ornière de l'arbitraire; on réveillait sans nécessité un passé que tous les partis ont intérêt à laisser dormir dans la tombe. Cette faute de la république subsiste encore; Paris est hors du droit commun. De quelque prétexte qu'on le colore, le décret du 24 mars 1852 est une loi d'exception.

Qui peut justifier cette mise en interdit de dix-sept cent mille contribuables? Est-ce la sûreté générale, triste mot qui a remplacé celui de salut public? Non, jamais le conseil municipal n'a eu la police de Paris; il y a un préfet particulier qui est chargé de ce soin; le conseil municipal ne s'occupe que des finances et des travaux de la ville. Est-ce l'intérêt général? Mais cet intérêt élastique n'est que le synonyme de l'arbitraire, il ne peut prévaloir contre le droit.

Le premier principe de la liberté, principe emprunté au moyen âge et aussi ancien que la monarchie, c'est que la nation ne peut être imposée que de son consentement. Nul impôt ne peut être levé s'il n'est d'abord accordé par les citoyens ou par leurs représentants librement élus. Ce principe est l'âme de toutes les chartes anciennes et modernes; la constitution l'a consacré dans son article trente-neuf. C'est en vertu de cette maxime qu'il y a chez tous les peuples libres une Chambre élue qui seule a droit de consentir l'impôt. Comme citoyen français, on ne peut m'obliger de payer un sou de contribution, si ce sou n'a été voté par le Corps législatif. La raison en est simple, Locke la donnait déjà il y a deux siècles. Si une autorité quelconque a le droit de grever ma propriété sans mon aveu, ma propriété est précaire; ce n'est plus à moi seul qu'elle appartient. On peut me ruiner suivant le bon plaisir du prince ou de ses agents.

Ce vote de l'impôt, seule garantie de la propriété, est si bien le fondement et la sauvegarde de toutes les libertés, qu'on a vu au dernier siècle les colonies américaines se soulever contre l'Angleterre plutôt que de payer une taxe légère, un simple droit de timbre établi par le parlement anglais. « Nous ne sommes pas représentés dans le parlement, disaient les colons, le parlement ne peut donc toucher à notre propriété sans tyrannie. » *Point de représentation, point d'impôt!* c'est à ce cri que se fit la révolution américaine; toute l'Europe y applaudit, comme au triomphe du droit sur la force.

Voilà le principe que nul ne conteste; il n'est pas de tribunal français qui condamnât un citoyen à payer un impôt que le Corps législatif n'aurait pas voté, et cependant, dès que dans le même homme on considère, non plus le citoyen, mais l'habitant de Paris, tout change; il n'est plus permis d'invoquer le vote de l'impôt, ni l'inviolabilité des propriétés, ni l'égalité des citoyens devant la loi. Toutes ces garanties que la constitution remet à la garde du Sénat n'existent point pour le Parisien. Comme Français, je ne payerai mon quarante millionième d'un budget de 1842 millions que si le Corps législatif, qui me représente, a étudié, contrôlé et voté ce budget; comme Parisien, je payerai mon dix-sept cent millième d'un budget de 193 millions sans y avoir consenti. J'aurai été représenté par fiction.

D'où vient cette différence? L'impôt municipal est-il moins lourd que l'impôt général? N'ai-je pas beaucoup plus d'intérêt à connaître la façon dont on le répartit et dont on l'emploie, puisque cette répartition et cet emploi me touchent directement? Est-ce pour moi une chose indifférente que l'octroi qui renchérit ce que je consomme? Les dépenses de l'instruction primaire, des hospices, des bureaux de bienfaisance, de la garde nationale, l'entretien des rues, des promenades, des égouts, la percée des voies nouvelles, les changements d'alignements, sont-ce là des questions qui ne me regardent pas? N'y a-t-il pas telle charge de ville ou de police qui, sous un autre nom, n'est qu'un impôt? N'y a-t-il pas telle décision municipale qui peut atteindre gravement ma propriété ou mon industrie? Et en tout cela je ne suis pas consulté? Et je n'ai pas le droit de nommer des représentants qui votent et contrôlent ces dépenses et ces travaux? Qu'est-ce donc qu'un Parisien à Paris? Un étranger; je me trompe, la condition de l'étranger est infiniment préférable. C'est pour l'étranger qu'est le privilége, car tout est calculé pour ses jouissances, et il ne paye pas d'impôt.

Je suis resté sur le terrain des principes, n'ayant nul désir de passionner le débat; mais les dernières élections de Paris ont dû prouver aux moins clairvoyants que les Parisiens ressentent vivement leur ilotisme, et qu'il ne leur déplairait pas de se mêler de leurs propres affaires. Quand les conseillers municipaux étaient élus, le titre de conseiller municipal était une excellente recommandation pour être nommé député; il y avait à la fois services rendus et expérience acquise. En 1863, le titre de conseiller municipal a été toute autre chose qu'une recommandation. Est-ce que les hommes qui se présentaient étaient sans mérite? Tout au contraire, on rendait justice à leur capacité et à leur expérience. Il est probable qu'en d'autres temps on les eût nommés et conseillers municipaux et députés. Mais on a voulu protester contre un régime que Paris ne mérite pas; et peut-être aussi a-t-on voulu donner aux candidats une leçon personnelle, en leur apprenant que ni l'honnêteté ni le talent ne donnent le droit d'imposer et d'administrer une cité sans son aveu. Reprocher aux Parisiens leur ingratitude est une colère puérile; on ne fait pas de force le bonheur des gens. Rendez aux Parisiens le vote et le contrôle de leur budget municipal, vous ferez d'aussi grandes choses, et vous aurez de plus un peuple reconnaissant et paisible, parce qu'il jouira de ses droits. L'exemple de la Belgique est une preuve de cette vérité.

Je devrais maintenant parler du département[1], et même de la province dont on commence à prononcer le nom. Mais c'est le même problème que celui de la liberté municipale; il est inutile d'en chercher une autre solution.

Depuis cinquante ans nous en sommes toujours restés au même point; la question pourrait aujourd'hui être posée dans les termes où on la posait déjà en 1817. « Est-il possible que la liberté existe dans les lois politiques et le despotisme dans les lois administratives, sans qu'il y ait combat jusqu'à ce que la constitution ait affranchi l'administration ou que l'administration ait asservi la constitution? » Est-ce aux citoyens, est-ce aux préfets qu'appartient le département? Tant qu'on n'aura pas résolu un problème aussi simple, il y aura une lutte sourde et perpétuelle entre l'arbitraire et la liberté.

1. La loi sur les conseils généraux a commencé heureusement l'œuvre de la décentralisation. Il nous faut maintenant une bonne loi municipale. (1871.)

D'où vient que depuis un demi-siècle la lumière ne s'est pas faite? c'est ce que M. de Tocqueville a parfaitement expliqué. L'administration est un legs de la vieille monarchie que l'Assemblée constituante a eu le tort de ne pas répudier. L'amour de l'égalité l'a égarée; elle a confondu l'unité, qui est chose excellente, avec l'uniformité qui n'est bonne nulle part.

L'erreur de la vieille royauté fut de tout sacrifier à l'arbitraire; elle détruisit les priviléges politiques des provinces, ce qui était juste, puisque la souveraineté nationale absorbait celle des provinces; mais elle abolit avec la même jalousie l'indépendance administrative, ce qui fut un grand mal et ne profita qu'à une poignée d'intendants. L'erreur de la Révolution fut de suivre le sillon monarchique, et de pousser encore plus loin la passion du mécanisme. Par haine du privilége, par horreur du passé, on aurait mis la France en poudre, si on avait pu. Ce n'était pas assez de détruire les provinces et d'effacer de grands souvenirs, Sieyès aurait voulu qu'on désignât les départements et les villes par des numéros comme des régiments; c'était de la folie mathématique. Sieyès et son école oubliaient que ce sont les idées morales qui soutiennent les institutions; un peuple ne s'attache point à de chimériques abstractions. Il leur semblait que l'amour de la famille, de la commune, de la province était un vol fait à l'amour de la France; c'est une conception aussi fausse que dangereuse. Il y a plus d'une place dans notre cœur. Parce qu'on est Breton ou Normand, et qu'on aime son clocher et son foyer, on n'est pas moins bon Français; peut-être même l'est-on davantage. Aujourd'hui l'heure est venue d'en finir avec ces erreurs d'un autre âge; la vraie politique est celle qui respecte la vie partout où elle la trouve et qui en facilite le libre jeu. Ménager l'individu, la famille, l'association, la commune, le département, la province, telle est l'œuvre du législateur moderne. Il sait que l'État est un organisme vivant, et que la force des membres fait la force du corps entier. Quelle folie est-ce donc que d'étouffer l'énergie d'une société? L'administration hérite-t-elle de ce qu'elle tue? « Avec la centralisation, disait Lamennais, vous avez l'apoplexie au centre et la paralysie aux extrémités. » Rien de plus vrai que cette observation; tout homme d'État devrait l'avoir sans cesse devant les yeux, et ne jamais oublier qu'en politique l'apoplexie se nomme révolution.

VI

RÉFLEXIONS GÉNÉRALES.

J'ai tâché d'indiquer et de justifier les principales libertés individuelles, sociales, municipales, qui sont aujourd'hui la gloire et la force des peuples civilisés. Ces libertés n'ont rien d'artificiel ; ce n'est point un théoricien qui les a imaginées : elles ne sont autre chose que l'épanouissement de nos facultés. Ce sont de véritables droits naturels. Tout État doit les respecter ; car la seule raison d'être des gouvernements, c'est qu'ils assurent à l'individu l'entier et parfait développement de sa vie. Ce qui distingue un pays despotique d'un pays constitutionnel, c'est que dans le premier l'homme vit pour un maître, tandis que dans le second il vit pour lui, pour les siens et pour la société.

Comment a-t-on méconnu si longtemps cette grande et féconde vérité? Cela tient à ce que dans toute l'Europe, du quatorzième au dix-septième siècle, c'est au despotisme romain que les rois et les légistes ont emprunté leur idéal de gouvernement; l'État a été l'idole qui, chez les modernes, a remplacé les Césars ; on lui a sacrifié les forces vives de la société. La révolution d'Angleterre en 1688, la révolution d'Amérique en 1776, la révolution de France en 1789, ont renversé l'antique superstition. C'est à l'individu qu'elles ont rendu la souveraineté. L'âme est libre, la vie doit l'être : les princes ne sont plus que des magistrats, dépositaires d'un pouvoir limité.

Cette conception nouvelle, qui est le contre-pied de la vieille théorie du droit divin, s'est incarnée dans ce que nous appelons les principes de 1789, principes proclamés un siècle plus tôt par Locke, et consacrés en Angleterre et en Amérique par le *bill des droits* de 1689. Ainsi s'explique cette agitation sourde qui depuis soixante-dix ans travaille la France; ce ne sont pas les convulsions de la décadence, c'est l'enfantement d'une société nouvelle qui veut accorder ses idées et ses lois. Depuis l'Assemblée constituante, malgré plus d'une erreur et plus d'une défaillance, c'est toujours sur ce but que la France a les yeux fixés ; l'œuvre avance, heureux qui saura l'achever !

Supposons maintenant qu'un prince, qui comprend son siècle et son pays, mette la France en possession de toutes ces libertés ; supposons qu'au mépris de la routine administrative et des cris de la peur on ne juge pas les Français indignes de ces droits qui font la fortune et l'honneur des Anglais, des Américains, des Belges, des Suisses, des Hollandais : en quoi le pouvoir sera-t-il affaibli ? En aura-t-il moins dans sa main l'armée, la marine, la diplomatie, les finances, les grands travaux publics, la suprême police du pays ? Sera-t-il moins redoutable au dehors, moins tranquille à l'intérieur, quand les citoyens seront tous occupés de leurs propres intérêts ? Sera-t-il moins riche, quand rien ne gênera l'activité individuelle ? Qu'est-ce qui fait la force de l'Angleterre ? Ce n'est pas l'administration, il n'y en a point ; j'oserai dire que c'est l'absence d'administration. N'ayant rien qui l'arrête au dedans, le gouvernement anglais est tout-puissant au dehors. En France, le Pouvoir se charge d'un fardeau qui à la longue l'écrase. Il inspire tout, il prévoit tout, il fait tout, il est responsable de tout, car ce qu'il ne fait pas, il l'empêche ; aussi le chargeons-nous de nos espérances, de nos ambitions, de nos mécomptes, de nos haines. Peu s'en faut que nous ne traitions nos princes comme les Chinois traitent leurs empereurs, et que nous n'inscrivions à l'honneur ou à la honte de leur règne les bonnes ou les mauvaises saisons. C'est ainsi que s'accumulent les mécontentements et que, par un renversement des lois naturelles, la durée d'un règne, au lieu de le fortifier, l'affaiblit. La liberté chez nous est comme un fleuve qu'on barre dès le premier jour, et contre lequel on multiplie les digues et les constructions jusqu'à ce qu'enfin grossi et devenu furieux par les obstacles mêmes qui l'irritent, le flot emporte et ravage tout. La liberté, en Angleterre, ressemble aux fleuves d'Espagne; divisés en mille canaux qui répandent partout la fécondité et la vie, ils sont un bienfait et jamais un danger.

Que ne puis-je faire entrer dans toutes les âmes cette salutaire vérité! Chez nous, depuis soixante-dix ans, le pays est la proie d'une lutte insensée : tantôt c'est le pouvoir qui usurpe la liberté, tantôt c'est la liberté qui anéantit le pouvoir; nous trébuchons sans cesse entre le despotisme et l'anarchie. Quand donc comprendrons-nous que le pouvoir et la liberté ne sont pas deux ennemis, que chacun a son domaine et son règne à part, et qu'en rentrant chacun dans ses limites, la liberté enrichit et fortifie le pouvoir, le pouvoir assure et fortifie la liberté.

SECONDE PARTIE

VII

DE LA LIBERTÉ POLITIQUE OU DES GARANTIES.

Il ne suffit pas qu'un peuple possède les libertés que nous avons indiquées : il faut, en outre, que ces libertés soient garanties, autrement la jouissance en serait précaire; il manquerait aux citoyens ce qui est la première condition de la vie sociale : la sécurité. Il n'y a ni industrie, ni commerce, ni arts, ni lettres, ni sciences dans un pays où la personne et les biens des sujets sont à la merci d'un maître et de ses créatures; en ce point il suffit de regarder la langueur et la décrépitude de l'Orient. Les libertés politiques ont pour objet de donner ces garanties, ce qu'elles font de deux façons : d'une façon générale, en attribuant à la nation ou à ses représentants une part de contrôle et d'influence sur les affaires publiques ; d'une façon particulière, en assurant à chaque citoyen qu'en cas de violence ou d'injustice, sa plainte sera entendue par le pays, et son droit vengé.

Les libertés politiques ont donc une importance suprême; elles sont le rempart et l'abri de la liberté civile. Sans elles la loi n'est qu'un piége, et la justice qu'une moquerie. Il ne manque pas de lois en Russie: le *Svod* ou Code russe emplirait à lui seul toute une bibliothèque; mais le premier article du recueil donne à la volonté de l'empereur force de loi et de jugement; il ne faut que la signature impériale au bas d'un chiffon de papier pour confisquer les biens d'un homme et l'envoyer mourir en Sibérie. Qu'est-ce donc que le Code russe, sinon, comme on l'a dit justement : *la plus volumineuse des plus mauvaises plaisanteries?*

En d'autres pays qui se croient plus libres que la Russie, il y a des chartes qui, en langage magnifique, abolissent la confiscation et prennent sous leur garde la vie et la liberté du dernier criminel. Ce sont là de belles maximes; mais si la presse est bâillonnée, si la tribune est muette, si la justice est remplacée par des cours prévôtales et des commissions secrètes, si des lois de salut public livrent la personne du citoyen au caprice des ministres et d'agents irresponsables, à quoi servent ces déclarations de droits? On ne confisque pas les biens, mais on les séquestre; on ne juge pas un voleur sans l'entendre en face du public, mais on arrête des innocents sur le simple soupçon de la police, et sans forme de procès on les enferme ou on les déporte par mesure administrative. Les mots sont changés, non les choses; l'hypocrisie remplace la violence; mais que sont les libertés civiles, inscrites au frontispice de la Constitution, sinon un de ces mensonges officiels, faits pour séduire l'opinion, et qui ne trompent personne? L'arbitraire peut prendre tous les masques et parler tous les langages, même celui de la liberté; mais inspirer la confiance, donner la sécurité, voilà ce qui lui est interdit : c'est là sa faiblesse incurable et son germe de mort.

On voit donc que sans libertés politiques une cité n'est qu'une ville ouverte, livrée sans défense à l'ambition, aux intrigues, à la cupidité, à la peur de quelques hommes. Mais de ce que la liberté politique joue le premier rôle dans un État civilisé, il ne faut pas conclure qu'elle soit tout; elle protége les libertés civiles, elle ne les remplace pas. Avec une magistrature indépendante et souveraine, avec une tribune et des journaux où l'on peut tout dire, un pays est sans doute en d'excellentes conditions, mais cela ne suffit pas pour qu'il soit maître de ses droits. Il a les garanties de la liberté, mais la liberté même il ne l'a pas. Les remparts sont solides, mais derrière les remparts il n'y a rien à défendre ni à aimer. Depuis soixante-dix ans, que de fois la France n'a-t-elle pas offert cet étrange spectacle d'un peuple que sa Constitution proclame souverain, et qui ne peut ni remuer, ni travailler, ni prier, ni parler, ni écrire, sans l'aveu de l'administration? Que m'importe de régner au scrutin, si je ne suis pas maître dans ma maison? Il est beau d'avoir pendant un quart d'heure un six-millionième de royauté, il vaut mieux être citoyen toute sa vie.

C'est là qu'il faut chercher la cause de cette maladie révolutionnaire qui nous saisit par accès. La France politiquement souveraine, et néanmoins liée et assujettie par des règlements sans nombre, ressemble à un homme étroitement garrotté qui n'aurait qu'un membre de libre. Toute la force et tout le sang affluent au seul endroit où ils peuvent agir. La politique devient toute la vie de la nation, vie factice, excessive, et qui donne la fièvre. Quand le délire éclate, c'est à la liberté qu'on s'en prend; c'est le défaut de liberté qu'il en faudrait accuser. Voyez les pays vraiment libres. Au lieu d'être concentrée en un seul point, la vie est également répandue dans tous les membres; les libertés individuelles, sociales, municipales, occupent l'activité des citoyens et font équilibre à la liberté politique; la chaleur est partout, la fièvre nulle part. Si la liberté est la cause de toutes nos agitations, comme le prétendent nos empiriques, pourquoi donc les seuls pays que ne travaille pas l'esprit de révolution sont-ils ceux qui jouissent d'une complète indépendance dans la vie civile? Centralisation, révolution, sont deux mots de même date, deux noms d'une même maladie. Voilà ce qu'il nous faut comprendre; alors, au lieu de nous régler sur les républiques oisives d'Athènes et de Rome, au lieu de nous inspirer du *Contrat social* et de prendre la souveraineté pour la liberté, nous mettrons la liberté civile dans les fondements de l'édifice, et nous garderons les droits politiques pour le couronnement. Jusque-là, nous ressemblerons à ces enfants d'Ésope qui voulaient commencer l'édifice par le faîte, et bâtir dans les nuages. On répète souvent qu'en France l'esprit public est mort et qu'il n'y a pas de citoyens. A qui la faute? à ceux qui n'ont pas vu qu'un citoyen n'est pas seulement un électeur. Un citoyen est un homme qui a le droit de penser, de parler et d'agir comme il l'entend, et qui est seul responsable de sa conduite. Voilà ce qu'il faut répéter sans cesse à la France. Quand elle aura rompu avec cette idolâtrie de l'antiquité, qui fut une des erreurs de la révolution, elle saura ce que c'est que la liberté; elle ne s'acharnera plus à la poursuite d'un fantôme qui l'a toujours égarée et perdue.

VIII

DU VÉRITABLE CARACTÈRE DE LA LIBERTÉ POLITIQUE.

Les libertés civiles ne sont pas une création du législateur ; de mauvaises lois peuvent les étouffer, de bonnes lois les favorisent, mais ne les enfantent pas. Quel que soit le siècle ou le pays, quelle que soit la forme du gouvernement ou le degré de civilisation, tout homme a besoin d'exercer son corps et son âme, de développer ses facultés, de penser et d'agir. Russe ou Anglais, Français ou Turc, tout homme est né pour disposer de sa personne, de ses actions et de ses biens. La maison, la famille, la commune, l'Église, l'école, ne sont pas des inventions législatives; tout au contraire, l'État n'a de raison d'être que parce qu'il assure et protége ces institutions primitives qui résistent et survivent à toutes les révolutions. Les libertés civiles sont donc des droits naturels dans toute la rigueur du mot; elles ne sont, à vrai dire, pour chacun de nous, que le droit de vivre et d'être maître de sa destinée.

Des libertés politiques, il n'en est pas de même; elles changent suivant le temps et le pays. On n'a pas toujours besoin des mêmes garanties, la forme de la défense varie comme celle de l'attaque. Avec des magistratures électives, annuelles, responsables; avec l'intercession et le *veto* des tribuns, avec une tribune toujours ouverte sur le Forum, les Romains protégeaient la liberté du citoyen tout aussi énergiquement que le font les constitutions modernes; ils arrivaient au même but par d'autres moyens.

De nos jours, pour prendre un autre exemple, c'est la presse qui est la suprême garantie de toutes les libertés. Chaque matin le pays tout entier tient ses assises et fait comparaître devant lui ses députés, ses magistrats, ses administrateurs. Au dix-neuvième siècle, le pouvoir c'est l'opinion. Jadis, un grand roi comme Henri IV s'inspirait de sa propre sagesse; des assemblées nationales ou provinciales traitaient en leur propre nom avec le souverain. Aujourd'hui, princes et parlements ne sont plus que des mandataires.

Le secret de régner c'est d'écouter sans cesse cette voix publique qu'on ne méprise pas impunément. Voilà donc une force nouvelle qui transforme entièrement les rapports entre gouvernants et gouvernés, de même que la vapeur, en supprimant les distances, abolit les frontières et change tous les rapports de peuple à peuple. Des deux parts, c'est une révolution faite au profit du grand nombre; des deux parts, c'est l'avénement de la démocratie.

Il est inutile d'insister sur une vérité aussi claire; l'histoire n'est que le long récit de tous les efforts que les peuples ont tentés pour défendre, par les moyens les plus divers, la liberté de leur personne, de leurs actions et de leurs biens. Chaque génération se fait un certain idéal qui disparaît avec elle; et, pour ne parler que de la France, nous avons vu nos constitutions tomber de quinze ans en quinze ans, comme les arbres de nos bois.

Que les institutions politiques soient l'élément mobile de la civilisation, c'est là une vérité qui, dans l'histoire, est écrite en caractères ineffaçables; toutefois il ne faut pas en exagérer la portée. S'il est vrai que chaque siècle comprenne à sa façon le problème politique, il ne l'est pas que, dans le même siècle, des peuples sortis de même souche et parvenus au même degré de civilisation, n'aient pas les mêmes besoins et ne soient pas faits pour jouir des mêmes libertés. Exagérer les différences nationales n'a été trop souvent qu'un sophisme habile pour dénier des droits certains; et de ces sophismes la France a eu plus à souffrir qu'aucun peuple du continent.

Au moyen âge, nos aïeux, à qui l'on enseignait que le monde va toujours en dégénérant, réclamaient sans cesse le rétablissement de leurs bonnes coutumes; ils plaçaient la perfection dans le passé. Nos pères, chez qui l'idée du progrès s'est éveillée, ont reconnu les premiers la mobilité essentielle et la perfectibilité des institutions politiques. Ils ont senti qu'il fallait accommoder les constitutions aux besoins nouveaux, à l'âge, au tempérament des peuples. Mais ils ont gâté cette juste idée, d'une part, en exagérant les diversités nationales, d'autre part, en rejetant les conseils de l'expérience. Ils étaient convaincus que la raison avait le pouvoir de créer des institutions nouvelles, et qu'il suffisait d'un décret pour régénérer et transformer trente millions d'hommes. Ne rien emprunter à l'Angleterre, et faire de toutes pièces un chef-d'œuvre qui ne ressemblât à rien de connu, ce fut la chimère des Constituants de 1789. C'est ainsi que par dédain des Anglais ils repoussèrent les deux Chambres, sans voir que cette division de la législature, conservée par les républicains d'Amérique, était une nécessité de tous les temps et de tous les lieux. Qu'on le remette à un homme ou à une assemblée, un pouvoir sans limites et sans responsabilité ne peut être qu'une forme de despotisme. Mais de tous ces régimes, le plus insupportable sera toujours le despotisme bâtard d'une Chambre unique, car du même coup il paralyse le gouvernement et asservit le peuple; il favorise en même temps l'anarchie et la tyrannie. Si les Constituants avaient eu la modestie de consulter l'histoire, ils y auraient trouvé l'exemple du Long-Parlement d'Angleterre et du Congrès de la Confédération américaine, deux assemblées périssant chacune par l'anarchie; mais l'expérience ne disait rien aux disciples de Rousseau. Ils savaient tout sans avoir rien appris.

Les erreurs de la Constituante n'éclairèrent point la Convention ; ce qu'il y a de plus étrange, c'est que soixante années de révolution ne nous ont pas corrigés de notre infatuation. La même vanité législative, qui avait perdu la France en

1789 et en 1793, a perdu la république en 1848. On a été au même abîme, et par le même chemin.

Aujourd'hui, par un singulier retour, c'est parmi les serviteurs du gouvernement, c'est chez les conservateurs de profession, qu'on retrouve cette horreur de toute ressemblance étrangère, ce dédain des institutions anglaises qui nous a causé tant de maux. Depuis douze ans, que de malédictions n'a-t-on pas jetées au *parlementarisme*, c'est-à-dire à l'influence des Chambres sur les affaires publiques! Si nous voulons en croire des sages, qui, au lendemain de l'empire restauré, ont rompu hardiment avec la tradition constitutionnelle, la liberté politique, c'est-à-dire le gouvernement du pays par le pays, ne serait pas la gloire de la civilisation moderne, mais quelque chose d'accidentel, de particulier, d'étroitement national. Permis d'être libres et de se régir eux-mêmes aux peuples protestants et germaniques, aux Anglais, aux Américains, aux Hollandais, aux Suisses, aux Suédois, aux Norvégiens, voire même aux Belges qui parlent flamand; mais rien n'est plus fatal aux vieilles races latines et catholiques; la liberté politique est un poison pour les Français, les Italiens et les Espagnols. A ces méridionaux turbulents et passionnés, ce qu'il faut, c'est l'unité; leur liberté, c'est d'obéir à un chef énergique et absolu qui, par la centralisation, réunit en ses mains toutes les forces de la nation et les lance où il veut. Nous autres Français, nous ne sommes pas un peuple, mais une armée.

C'est sans doute une théorie fort ingénieuse, et qui prête à d'agréables variations dans un journal; mais c'est toujours la même fatuité. C'est toujours ce dédain de l'expérience, cette confiance en sa propre raison, qu'on a signalée jusqu'à présent comme la marque de l'esprit révolutionnaire. Le *parlementarisme*, ou, pour l'appeler par son vrai nom, le gouvernement constitutionnel, a eu le mérite de vivre plus de trente ans sans que la France en ait souffert; on peut même croire qu'elle lui a dû quelques-unes de ses plus heureuses et non pas de ses moins glorieuses années; mais quand donc a vécu ce prétendu régime qui doit concilier ce que Tacite déclarait deux choses inassociables, le pouvoir absolu et la liberté? Ce n'est pas sérieusement qu'on nous cite la Constitution de l'an VIII, qui, hormis son immortel article 75, n'a jamais vécu que dans l'*Almanach impérial*. Œuvre de l'esprit le plus chimérique et le plus faux qu'ait produit la révolution, ce Sieyès qu'on loue sur la foi d'une parole ironique de Mirabeau, la Constitution de l'an VIII n'a jamais été qu'une décoration de théâtre, faite pour amuser les yeux du public. Personne ne l'a moins prise au sérieux que le premier consul, personne ne s'en est joué avec plus de mépris[1]. Quelle guerre ont empêchée, quel budget ont discuté ces législateurs de l'empire, dont l'existence même est un mythe? Et ce Sénat, conservateur des libertés publiques qu'a-t-il jamais défendu ou conservé que son traitement?

La Constitution de 1852, je regrette de le dire, a voulu se rattacher à ce vain simulacre; cette imitation ne lui a pas réussi. Ce n'est pas inutilement qu'un peuple a vécu pendant trente-trois ans au grand air de la vie publique; on ne peut pas lui faire oublier ce noble passé. Le chef de l'État l'a senti : c'est une preuve de sagesse que

1. « Que voulez-vous, » me disait Bonaparte, lorsqu'en l'absolvant de la Constitution de l'an VIII, je ne le taxais que d'avoir fait la part du pouvoir exécutif, et de l'avoir faite bonne, « vous savez que Sieyès n'avait mis partout que des « ombres : ombre de pouvoir législatif, ombre de pouvoir ju- « diciaire, ombre de gouvernement; il fallait bien de la sub- « stance quelque part... Ma foi! je l'ai mise là. » (*Mémoires de La Fayette*, t. V, p. 159.)

d'avoir rendu au Sénat la publicité de la Chambre des pairs et d'avoir restitué au Corps législatif quelques-unes des prérogatives de nos anciennes Chambres. On se rattache ainsi à la tradition; on rentre dans la vérité des choses; on se rapproche de la liberté. Les *ultra* du parti crient avec effroi qu'on va retomber dans l'ornière du *parlementarisme*. Qu'ils en prennent leur parti; la France se gouvernera par elle-même, comme tous les peuples libres, et le plus tôt sera le mieux.

Le temps n'est-il pas venu de comprendre enfin que la civilisation de la vieille Europe est homogène, et qu'il est aussi déraisonnable d'inventer un régime politique exclusivement français, qu'il serait insensé d'inventer une industrie exclusivement française, en repoussant tout ce que l'expérience a appris aux Américains et aux Anglais? Si l'industrie n'a point de patrie, la liberté n'en a pas davantage; toutes deux sont l'héritage commun de la chrétienté. Sortis de même souche pour la plupart, élevés dans la même foi, vieillis par les mêmes événements, habitués à l'échange perpétuel de leurs idées et de leurs institutions, les peuples d'Europe, les colons européens de l'Amérique et de l'Australie ne forment, à vrai dire, qu'une seule et même nation, répandue par toute la terre. Il y a sans doute des différences superficielles, des variétés provinciales, mais au fond est la ressemblance et l'unité. C'est pour cela que, s'il peut y avoir quelque diversité dans les formes politiques, il ne peut pas y en avoir dans la substance même des choses. Il faut aujourd'hui à tous les peuples d'Europe une intervention efficace du pays dans les affaires générales, des garanties qui protégent énergiquement les droits civils, une publicité de tous les instants; c'est cette intervention, ce sont ces garanties, c'est cette publicité qu'il faut pleinement accepter. Une fois qu'on sera résolu à pratiquer sincèrement la liberté politique, on verra s'évanouir toutes ces nuances dont on fait si grand bruit. Comme toujours l'idée enfantera sa forme, et si nous n'avons pas de tout point les institutions anglaises ou américaines, ce qui n'est pas nécessaire, nous aurons ce qui est essentiel, l'esprit de liberté, qui n'est ni anglais, ni français, mais qui est le bien commun et la gloire de la civilisation.

IX

DES ÉLÉMENTS DE LA LIBERTÉ POLITIQUE.

Chez tous les peuples vraiment libres, c'est-à-dire qui se gouvernent par eux-mêmes, la liberté politique est aujourd'hui composée des mêmes éléments. Ce sont :

1° Un suffrage électoral assez répandu pour que la nation tout entière, ou la grande majorité de la nation, prenne part aux affaires publiques ;

2° Une représentation nationale, librement élue, qui exerce sur le gouvernement une influence et un contrôle légitime, et qui a le dernier mot en fait de législation, de finances, de paix ou de guerre ;

3° Une magistrature indépendante et souveraine, qui n'a rien à craindre ni à espérer du pouvoir. C'est à des juges inamovibles ou au jury qu'appartient la garde des lois, la défense de la liberté individuelle;

4° Une presse affranchie de toutes les entraves administratives, et qui a le droit de tout dire, sauf à répondre de l'injure et de la provocation au crime. Il ne peut pas y avoir pour la parole écrite un privilége d'impunité.

Voilà les quatre éléments de la liberté politique en Angleterre, en Amérique, en Belgique, en Hollande, en Suisse; mais, si le principe est partout le même, il y a de nombreuses différences dans l'organisation de ces diverses garanties, qui sont complexes de leur nature. La loi peut mettre plus ou moins de conditions à l'exercice du suffrage électoral; l'influence des Chambres suppose la responsabilité des ministres, et cette responsabilité peut être différemment assurée; la compétence du jury comme celle des magistrats peut aussi être plus ou moins étendue; je ne vois guère que la presse qui soit partout constituée de la même façon. L'expérience a appris aux pays libres qu'il est dangereux de limiter cette liberté; on n'y peut toucher sans blesser du même coup toutes les autres et faire plus de mal que de bien.

Ces éléments de la liberté politique existent

dans la Constitution de 1852, mais en germe seulement. Ils y sont plutôt reconnus qu'ils n'y sont appliqués. Écarter des gênes inutiles, sinon même nuisibles, assurer à ces germes précieux leur entier développement, habituer le pays à s'intéresser à ses propres affaires, lui donner l'esprit civique, faire enfin que la France soit à la tête de la civilisation par la liberté, comme elle y est déjà par les arts de la paix et de la guerre, telle est l'ambition du parti libéral. Il n'y en a ni de plus noble ni de plus légitime. Le préambule même de la Constitution emprunte une parole du premier Napoléon pour nous déclarer qu'*une Constitution est l'œuvre du temps, et qu'on ne saurait laisser une trop large voie aux améliorations*. C'est en s'appuyant sur cette déclaration du législateur que le parti libéral fait appel à l'intérêt même du gouvernement, aussi bien qu'à l'opinion, pour réclamer des améliorations dont le jour est venu. Les dernières élections ont montré que la France désirait vivement qu'on lui élargît ses libertés ; le devoir de tout honnête homme est d'éclairer ce désir et de préparer ainsi ces modifications pacifiques qui sont les seules durables. L'œuvre est délicate sans doute, la législation de la presse est peu favorable à la critique des institutions existantes; mais on ne doit pas craindre de tout dire, quand on n'a que des intentions droites, et qu'on ne veut autre chose que la grandeur et la prospérité de la patrie.

X

DU SUFFRAGE UNIVERSEL.

La Constitution de 1852 a conservé le suffrage universel; c'est le principe même de notre gouvernement. L'empire est une démocratie, avec un chef héréditaire et des institutions représentatives. C'est un nouveau système politique, qui n'a point de précédents dans l'histoire; il a fallu la maladresse naturelle des flatteurs pour réveiller le souvenir de l'empire romain, qui n'eut jamais d'électeurs que les prétoriens, ni de représentants populaires que les soldats et les conspirateurs. La nouveauté d'une forme de gouvernement ne me paraît point une objection contre elle; et peut-être l'alliance de la démocratie, avec un pouvoir énergique et des garanties représentatives répond-elle assez bien au caractère et au tempérament des Français. Le suffrage universel notamment satisfait cette passion d'égalité qui nous est chère, et qui en soi est légitime quand elle respecte la liberté ; en outre, il est déjà entré dans les mœurs et, par exemple, le peuple des villes y tient plus que ne le supposent des gens qui vivent trop dans le passé. Attaquer le suffrage universel, chercher à le réduire ou à l'annuler par l'expédient trompeur de l'élection à deux degrés, ce sont là des vues peu dignes d'un politique, et tout à fait étrangères au parti libéral. Le parti libéral accepte sincèrement le suffrage universel comme garantie de la liberté, comme moyen de gouvernement, comme instrument d'éducation politique. Loin de chercher à l'affaiblir, il voudrait le fortifier en l'éclairant.

Éclairer le peuple, c'est la grosse question de l'avenir. Qu'est-ce, en effet, que le suffrage universel ? C'est une force toute-puissante, par conséquent une force qui, suivant la direction qu'elle prend ou qu'elle reçoit, peut faire avec la même énergie ou le mal ou le bien. Le vote populaire peut soutenir un gouvernement, comme il peut le renverser; il peut sauver le pays, comme il peut le perdre. Une fois qu'on a introduit dans la Constitution une force de cette nature, il faut l'instruire, car elle est intelligente; il faut la moraliser, car elle est souveraine. En un pays de suffrage restreint, on met la garantie dans le cens, dans la propriété, dans le petit nombre des électeurs; en un pays de suffrage universel, il n'y a point de ces précautions extérieures, de ces limites plus ou moins efficaces: c'est dans l'âme de l'électeur qu'est la garantie, c'est donc cette âme qu'il faut éclairer et améliorer. En pareil cas, l'éducation populaire n'est plus simplement une question de morale et d'humanité, c'est la première de toutes les questions politiques; la fortune de la France y est attachée.

Voyons, en effet, ce que peut donner le suffrage universel, quand il s'abandonne aux influences du dehors. En étudiant les élections passées, peut-être y découvrirons-nous en germe des dangers de plus d'une sorte, que le législateur n'a pas prévus.

Il y a trois hypothèses possibles : le suffrage universel peut recevoir sa direction générale ou d'un gouvernement ou d'un parti, il peut aussi céder en chaque endroit à des influences personnelles et locales. Examinons ces trois suppositions, que l'événement a déjà vérifiées plus d'une fois.

Et d'abord est-il admissible que le gouvernement influence et dirige les élections? On en doutait autrefois, on regardait comme une hérésie politique ce qu'on nous présente aujourd'hui comme un article de foi. Qu'on lise ce qu'écrivait, en 1817, un royaliste tel que Fiévée; on sentira que si, depuis quinze ans, nous avons marché en politique, ce n'est peut-être pas dans le sens de la liberté.

« J'ignore sur quels principes on s'appuie quand on déclare publiquement que le ministère peut exercer de l'influence sur les élections; c'est absolument comme si on avouait que le pouvoir royal peut essayer d'anéantir, par la ruse et la séduction, les libertés constitutionnelles qu'il n'oserait attaquer violemment. Si vous craignez le pouvoir démocratique, pourquoi l'avez-vous mis en action? Pourquoi, avant de le mettre en action, n'avez-vous pas fixé toutes les conditions de son activité? Mais quand ce pouvoir a été reconnu nécessaire, toute influence sur les élections me paraît aussi coupable que si je voyais le pouvoir démocratique avouer qu'il doit gouverner comme le fit la Convention, ou disputer au pouvoir royal l'indépendance de sa volonté, comme le fit l'Assemblée constituante. Après une révolution dans laquelle tous les pouvoirs de la société avaient réciproquement souffert, et où leur sujétion alternative n'avait produit que tyrannie et anarchie, qu'il eût été plus sage et plus sûr pour tous les pouvoirs de se reconnaître dans leur plénitude, de n'entrer ni en guerre ni en défiance, et de s'en remettre franchement au temps pour modifier leurs relations ! La défiance ne peut exister de la part d'un pouvoir sans que les autres pouvoirs n'en conçoivent à leur tour ; et lorsqu'on les a placés dans cette situation, on a compromis l'avenir, plus encore l'avenir du pouvoir qu'on veut augmenter, que l'avenir du pouvoir qu'on veut enchaîner. Sa force est en lui, elle est incalculable; lorsque l'emploi en est réglé par les lois, il faut s'y tenir et ne pas l'obliger à se replier sur lui-même [1]. »

Ces réflexions, si justes à l'époque où le suffrage était limité, ont-elles rien perdu de leur vérité et de leur force, aujourd'hui que règne le suffrage universel? Mais laissons les principes; nos nouveaux politiques traitent de vieilleries ce que l'expérience avait enseigné à leurs pères ; n'examinons que les faits, et raisonnons.

Supposons que le gouvernement dirige le vote populaire, c'est-à-dire qu'il présente les candidats au choix des électeurs avec une insistance qui ne permette pas de division. Que représentent des députés, dont le premier devoir est la reconnaissance envers le pouvoir qui les a choisis ? Pour le pays, où est la garantie qu'on fera prévaloir sa volonté souveraine? Ses mandataires ne sont à lui qu'à moitié. Pour la Chambre, où est cette

1. *Hist. de la Session de* 1816, p. 66.

pleine indépendance, qui est la première condition de toute autorité morale? On peut lui rappeler à chaque vote qu'elle n'a été nommée que pour soutenir la politique du gouvernement. Pour l'administration, où est le contrôle qui doit l'éclairer, et au besoin la contenir? Ceux qu'elle a protégés ne sont pas ceux dont elle craint la critique. Si le pouvoir s'engage dans une voie où la France ne le suit point; s'il entreprend des guerres d'aventure quand le pays veut la paix; s'il se lance dans des entreprises coûteuses quand le pays veut modérer les dépenses et l'impôt; s'il présente des lois qui resserrent la centralisation quand le pays veut élargir ce réseau qui l'étouffe, est-ce une Chambre choisie par l'administration qui avertira l'autorité, et qui, au besoin, l'arrêtera? Cela ne se peut pas. Pour rendre au pouvoir ce rude mais utile service, il faut des représentants qui n'aient d'engagement qu'envers la nation, des mandataires qui ne dépendent que des seuls électeurs, des contrôleurs qui soient supérieurs aux ministres; ce n'est pas la situation d'une assemblée dont le pouvoir a trié les membres. Dans un corps ainsi composé, il n'y a pas de résistance, et pourtant, à un moment donné, la résistance des Chambres, c'est le salut du prince et de l'État.

Ce qu'on veut obtenir par cette direction suprême, c'est l'unité absolue de gouvernement. Il faut qu'il n'y ait qu'une pensée et qu'une volonté dans le pays, et que cette pensée et cette volonté soient celles de l'administration. C'est le système du premier Napoléon ; c'est la doctrine que défendirent les ministres de la Restauration en 1816. « On désire, disaient-ils, qu'il n'y ait qu'une opinion dans l'État. Pour parvenir à cette unité de pensée, il faut unité de moyens. » Étrange illusion qu'on dirait empruntée à l'Église du moyen âge ! Comment ne voit-on pas que cette unité est le contraire de la liberté, et que, de plus, c'est une chimère ? Le monde ne vit et n'avance que par la diversité des opinions. Croire que la volonté d'un seul homme et de ses agents vaut mieux que la volonté générale de la société, c'est donner un démenti à l'esprit moderne, et nier le droit même de la démocratie. Si on n'écoute pas la nation, à quoi bon lui attribuer une souveraineté illusoire ? Où mène ce beau système ? Ne sent-on pas que si le gouvernement réussissait à étouffer toute voix dissonante, c'en serait fait de la civilisation française ? Nous en reviendrions à l'uniformité et à la décadence espagnole. Le pays serait mort, le pouvoir lui-même s'affaiblirait par l'excès de responsabilité qui pèserait sur lui.

A quoi sert d'ailleurs cette tutelle excessive? Quand la nation et le gouvernement sont d'accord, cette tutelle gêne l'indépendance de l'électeur, là même où cette indépendance ne porte pas d'ombrage. Entre plusieurs candidats fidèles, on interdit à l'électeur de choisir celui qui serait son véritable représentant; on le mécontente, et du même coup on amoindrit le député. D'un ami impartial, d'un conseiller sincère on fait un serviteur qui par dévouement ne résonne plus. Ce n'est un profit pour personne.

Mais quand, par le progrès naturel des choses, il se forme dans le pays un noyau d'opposition, alors on voit clairement le danger de cette intervention exagérée. Le plus intéressé à ce que l'opposition naissante entre dans la Chambre avec toutes ses nuances, je le dis sans crainte de paradoxe, c'est le pouvoir. Lorsque certaines idées agitent les esprits, il est nécessaire que ces idées soient éprouvées au feu de la discussion, afin que l'opinion s'épure et que l'autorité s'éclaire. La seule façon de désarmer l'opposition, c'est de suivre le précepte de l'Apôtre : *Essayez tout, et gardez ce qui est bon.* Par malheur, ce n'est pas ainsi qu'on raisonne en France. Depuis cinquante ans, que de fois la politique suivie par le pouvoir n'a-t-elle pas ressemblé à celle de l'Église au moyen âge! Pour réfuter les hérétiques on les brûlait; cela dispensait de discuter, mais n'a jamais supprimé l'hérésie. De nos jours on ne brûle pas les opposants, les mœurs se sont adoucies; mais on les dénonce comme des ennemis de la chose publique, et sans même examiner si les idées de l'opposition sont bonnes ou mauvaises, on conjure contre ses candidats toutes les forces du gouvernement. Au lieu de se tenir dans la région des intérêts généraux, et d'être en quelque façon supérieure au pays qu'elle dirige, l'administration devient un parti avec toutes les passions, les faiblesses et les violences des partis. Une élection est une bataille ; toute la question est non pas d'avoir raison, mais d'être le plus fort. Ce n'est pas ainsi qu'on peut pacifier une nation vive, intelligente, qui croit volontiers à la vérité persécutée, et qui, par noblesse de cœur, finit toujours par se ranger du côté des martyrs.

En y réfléchissant, on voit donc que pour l'État lui-même, la direction du vote populaire n'est pas aussi avantageuse qu'on le suppose communément. Mais il y a une autre hypothèse qui nous fera mieux sentir le danger de toutes ces directions venues du dehors, c'est le cas où l'opinion se prononcerait non pour le pouvoir, mais pour l'opposition.

Cette hypothèse n'a certes rien d'impossible en soi. Il n'est pas besoin d'être très-vieux pour savoir qu'en France il y a des jours où l'impatience saisit le peuple, où une idée, une passion violente et soudaine s'empare de tous les esprits et de tous les cœurs, où, malgré tous les obstacles, le pays vote comme un seul homme, et, au risque de se perdre lui-même, proclame son irrésistible volonté.

Aujourd'hui sans doute nous sommes loin de ces inquiétudes, mais répondre de l'avenir n'appartient qu'à Dieu. Un moment peut venir où l'on tombera tout d'un coup dans un de ces courants d'opinion qui emportent tout; si le suffrage universel n'est pas éclairé, si les citoyens ne sont pas habitués à penser et à vouloir par eux-mêmes, comment se défendra-t-on contre cet orage imprévu ?

Ce qui ajoute au danger, c'est que le législateur de 1852, tout entier à de certaines idées, ne s'est pas aperçu qu'il supprimait deux grandes garanties de la paix publique, l'élection d'arrondissement, la distinction du gouvernement et du prince.

« La Chambre, dit le préambule de la Constitution, n'est plus composée que d'environ deux cent soixante membres. C'est là une première garantie du calme des délibérations, car trop souvent on a vu dans les assemblées la mobilité et l'ardeur des passions croître en raison du nombre. »

L'observation est juste : une chambre de neuf cents membres n'est pas une assemblée, c'est une foule ; la passion seule peut remuer une pareille masse, la raison n'y suffit pas [1]. Mais, d'un autre

1. On peut se demander si le petit nombre des députés n'a pas aussi de graves inconvénients. S'il ne faut pas qu'une Chambre soit une cohue, il ne faut pas non plus qu'elle soit un salon. La question s'est présentée sous la Restauration ; on a remplacé les deux cent cinquante membres du Corps législatif impérial par les quatre cent cinquante députés de la Chambre des députés. Quelles raisons ont décidé ce changement ? Les voici telles qu'un royaliste éclairé, un partisan de l'autorité, Fiévée, les exposait en 1817 :

« Dans la langue politique on n'appelle *pouvoir* que ce qui a une volonté indépendante, volonté qui doit se concilier et ne peut jamais être soumise. Lorsqu'un pouvoir se forme d'une réunion d'hommes élus, il est facile de sentir que le nombre des élus n'est pas une chose indifférente ; qu'il est plus aisé d'intimider, de corrompre un petit nombre qu'un grand, d'avoir de l'influence sur l'élection d'un petit nombre que d'un grand nombre, et qu'un département qui paye des millions de contribution et qui n'a pour stipuler ses intérêts côté, il y a un élément modérateur que la Constitution de 1852 a négligé, et qui n'a pas moins d'importance que le chiffre des représentants, c'est le principe qui attache le député à un district déterminé, à un endroit où il est connu, apprécié, estimé. C'est ce que donnait l'élection d'arrondissement. Quatre cent cinquante députés ne formaient pas d'ailleurs un nombre excessif; il y a plus de six cents députés dans la Chambre des communes d'Angleterre, et c'est assurément un

qu'un (ou deux) députés..... ne peut avoir la conviction que ses intérêts ont été bien défendus... Comment faire croire à vingt-cinq millions d'individus qu'une simple majorité de dix ou vingt voix, sur une représentation nationale réduite aux plus petites proportions, a suffi pour renverser les principes généraux de la législation ? Tout le monde ne sentirait-il pas au contraire qu'il y a fiction et non réalité du *pouvoir défensif* ? Sans doute les esprits éclairés ne s'en prendraient qu'à des dispositions secondaires, qui peuvent être mieux réglées ; mais les esprits ardents et ignorants, deux conditions qui se rencontrent presque toujours ensemble, concluraient directement contre la Constitution. Tandis que les uns pousseraient la royauté au pouvoir absolu, d'autres, plus forts des idées dominantes du siècle, tourneraient leurs pensées vers des combinaisons populaires ; et comme les hommes modérés resteraient neutres dans ces agitations, parce que les extrêmes les épouvantent également, la nouvelle Constitution perdrait ses véritables appuis, et se trouverait, comme toutes celles qui l'ont précédée, à la merci des passions. » (*Hist. de la Session de* 1816, p. 65.)

des lieux du monde où la délibération est la plus calme et la mieux réglée.

Dans nos anciennes Chambres, il y avait un noyau considérable de députés qui ne tenaient pas seulement à leurs électeurs par le lien politique. De grands propriétaires, de grands industriels, des généraux, des magistrats, des avocats, des publicistes, des poëtes même avaient été en quelque façon adoptés, comme représentants perpétuels dans leur lieu de naissance ou d'habitation. Vitry ne connaissait que M. Royer-Collard, Sedan s'honorait de nommer M. Cunin-Gridaine, Clamecy était fier de M. Dupin, comme Mâcon de M. de Lamartine. De pareils députés, qui étaient attachés à leur arrondissement par la communauté des intérêts ou des souvenirs, par l'autorité du talent ou de la gloire, exerçaient dans la Chambre et dans le pays une action modératrice. On leur pardonnait de ne pas épouser la passion du moment; on écoutait leurs conseils; on discutait leur opinion. C'était un grand élément de calme et de raison. Aujourd'hui l'étendue des circonscriptions est si grande et la division en est si arbitraire, qu'on a rompu toutes ces vieilles relations de patronage et de clientèle. Le nouveau système a détruit ces influences personnelles qui avaient des inconvénients passagers et des avantages durables ; il en résulte qu'aujourd'hui c'est la passion politique qui décide presque uniquement de l'élection. Entre l'électeur et le député, il n'y a plus rien de commun que l'opinion du moment.

Vienne maintenant la tempête, vienne un de ces jours terribles où la France se jette dans l'opposition, on aura des élections générales qui bouleverseront le gouvernement et ébranleront le pays tout entier.

Ce n'est pas tout. Dans les États constitutionnels, on distingue le gouvernement et le prince ; c'est le ministère seul dont la politique est en jeu dans les élections. Si le vote populaire le condamne, il tombe, il est remplacé par une administration sympathique au pays. Laissons de côté les vices ou les vertus de ce système, j'en dirai plus loin mon avis. Toujours est-il qu'en ce qui concerne les élections, ce système a un grand mérite ; c'est d'apaiser aussitôt l'agitation publique et de ménager le chef de l'Etat. Ce n'est pas le prince qui est battu, ce sont les ministres. Le lendemain des élections, il lui suffit de changer le ministère pour calmer les esprits et reconquérir la popularité. Sous le régime actuel, il n'en est pas de même; le nom et la personne du prince ne sont que trop mêlés aux élections; c'est lui qui est atteint si le suffrage universel se prononce pour l'opposition. Repousser les candidats du gouvernement, c'est faire échec à la politique de l'empereur[1]. C'est là, on en conviendra, un grand danger pour le prince et pour le pays. Au lieu d'être une fonction régulière de la vie politique, toute élection est une crise; ce n'est pas le ministère qui est en jeu, c'est le gouvernement tout entier.

Il est enfin un inconvénient que les dernières élections ont révélé, et qui me paraît destiné à grandir si on n'y remédie. L'étendue des circonscriptions dans les campagnes, et le vote à la commune, fait de l'élection une chose coûteuse. Le candidat à qui il n'est pas permis de réunir ses électeurs[2], et qui souvent n'a pas de journal à sa disposition, est obligé de multiplier les

1. « En prononçant le nom du roi dans diverses provinces pour empêcher des hommes d'être élus, on a oublié que si ces hommes étaient élus après que le nom du roi aurait été prononcé, toute dignité se trouverait compromise ; et que si ces hommes n'étaient pas élus, toute liberté était anéantie. » (Fiévée, *Histoire de la Session de* 1816, p. 100.)

2. Ceci vient d'être changé par la loi sur le droit de réunion. Mais la réforme est loin d'être complète. (1868.)

affiches, les circulaires, les distributions de bulletin, les visites : tout cela exige des frais considérables. J'entends dire que, même pour le candidat de l'autorité, il faut compter sur une dépense de huit à dix mille francs. Pour d'autres candidats, on cite des chiffres si élevés que je n'ose m'en porter garant. Mais il est visible que, pour les élections de campagne, nous nous rapprochons du système anglais ; la première condition pour solliciter le suffrage de ses concitoyens, ailleurs que dans les villes, sera d'être riche et de ne pas regarder à l'argent. Ce résultat imprévu cessera d'étonner ceux qui étudieront l'Angleterre ; les mêmes causes doivent produire les mêmes effets.

On parle d'abus d'influences, et il est possible qu'en vérifiant les pouvoirs la Chambre soit appelée à se prononcer sur ce point. Mais la question est plus délicate qu'on n'imagine, et quand il faudra prendre une décision, on sera fort embarrassé. Qu'on n'oublie pas qu'en Angleterre le Parlement a pris des mesures sévères contre la corruption, mais qu'il a été néanmoins obligé d'accepter comme légitimes une foule de dépenses. Une élection régulière ne coûte guère moins de cent mille francs au candidat. En

France, il faudra aussi établir une jurisprudence qu'il ne sera pas aisé de régler. Acheter et payer le vote d'un électeur, c'est de la corruption au premier chef, un délit puni par la loi; mais donner de l'argent aux églises et aux hospices de l'arrondissement, fonder des écoles, ouvrir des asiles, construire des fontaines, sont-ce là des actes qu'on puisse interdire à un citoyen, parce que ce citoyen est candidat? Si on déclare ces dépenses suspectes ou coupables, on arrête du même coup cette libéralité, dont les anciens faisaient la vertu des républiques, ce dévouement à la communauté qui est l'honneur des pays libres; si, au contraire, on déclare ces dépenses innocentes, quelle que soit l'intention du donateur (et je pencherais de ce côté par respect de la liberté et par amour du bien public), on donna à la richesse un privilége électoral dont elle saura profiter. De façon indirecte, ce sera le rétablissement d'un cens d'éligibilité [1].

1. Depuis cinq ans l'expérience a prouvé que c'est de ce côté qu'on versera. Les largesses électorales se multiplient, la générosité des candidats n'a plus de bornes; encore une ou deux élections générales et l'argent sera en France le grand électeur. Ce ne sera pas le profit du pouvoir, ce sera la honte du pays. (1868.)

Si ces observations sont exactes, on voit que le suffrage universel est un instrument moins facile à manier qu'on ne l'avait cru au premier abord. Si le gouvernement ne se met pas à la tête de l'opinion, s'il n'adopte pas une politique populaire (ce qui n'est pas toujours aisé), il arrivera, selon moi, que les grandes villes [1] appartiendront à l'opposition démocratique et libérale, tandis que, dans les campagnes, des influences personnelles peu avouables contre-balanceront l'action de l'autorité. Je ne parle que des temps ordinaires. Dans les moments critiques, ce sera le pays tout entier qui échappera à la tutelle de l'administration.

Pour parer à ce danger, il n'y a qu'un moyen efficace; c'est de répandre à pleines mains la liberté et l'éducation.

1. On sait que, pour éviter cet effet prévu, le gouvernement noie les villes dans les campagnes, en établissant à son gré des circonscriptions électorales. C'est par ce moyen trop ingénieux que Bordeaux, par exemple, n'a pas de représentant qui lui appartienne en propre. Est-ce là de l'égalité?(1868.) — Le scrutin de liste a les mêmes inconvénients; il donne presque partout la prépondérance aux campagnes, et facilite des coalitions de partis qui troublent la sincérité de l'élection. La solution n'est pas là.(1871.)

XI

DE L'ÉDUCATION POPULAIRE.

Mettre l'éducation populaire au nombre des garanties politiques, c'est chose nouvelle en France; nous ne sommes pas habitués au suffrage universel. Mais en Amérique, dans un pays où la démocratie est souveraine, on s'est aperçu depuis longtemps qu'il y avait là pour la république une question de vie ou de mort. Ce que les Américains ont fait pour l'éducation dépasse de beaucoup tout ce qu'on a tenté sur le vieux continent.

Convaincus qu'il n'y a de liberté possible qu'autant que le citoyen sait régler lui-même sa vie politique aussi bien que sa vie civile, les Américains ont établi partout des écoles de différents degrés qui permettent à l'individu le plus pauvre de recevoir une instruction solide et variée. De cinq à quinze ans, tout Américain peut apprendre à lire, à écrire, à compter, à dessiner, à tenir les livres. On lui enseignera la géométrie et la géographie, on y joindra des notions usuelles de physique, d'astronomie, d'histoire naturelle, de physiologie et d'hygiène. On lui développera le corps par la gymnastique, on le formera à la vie civile en l'habituant à réciter, à déclamer, à chanter ; on ne craindra pas de lui parler de morale et de politique, et dès son enfance on l'accoutumera à respecter la Constitution et à aimer la liberté. Si, après cette première éducation, le jeune homme se sent des dispositions pour des études plus fortes, il trouvera de *hautes écoles* où durant trois ou quatre ans on lui enseignera l'algèbre, la trigonométrie et ses applications, l'économie politique, la langue française, la géologie, la chimie, etc. En un mot, il n'est pas de science qu'il ne puisse aborder.

Toutes ces écoles sont entièrement gratuites ; c'est-à-dire que la commune fournit jusqu'aux livres, papier et plumes. On ne demande au père de famille que la personne de son enfant.

En offrant de si grands avantages à un peuple, qui de bonne heure a compris que l'étude fortifie toutes nos facultés et que le savoir est la vraie puissance, les Américains ont obtenu des résultats admirables. Dans le Massachusetts, par exemple, les trois quarts des enfants, entre cinq et quinze ans, fréquentent les écoles publiques; joignez-y le nombre de ceux qui suivent des écoles particulières ou qui s'instruisent à la maison, vous comprendrez que dans la Nouvelle-Angleterre rien n'est plus rare qu'un citoyen qui ne sait pas lire. C'est l'instruction qui est la règle, c'est l'ignorance qui est l'exception.

La gratuité et l'excellence de l'éducation publique ont résolu aux États-Unis une question qui nous trouble aujourd'hui. La loi peut-elle décider que l'éducation sera obligatoire? A première vue on n'en doute guère. De quel droit un père peut-il tenir ses enfants dans l'ignorance, et en faire des brutes dangereuses, quand la commune prend à sa charge tous les frais de l'enseignement? La société n'a-t-elle pas un intérêt considérable à ce que le plus pauvre citoyen connaisse ses devoirs et ses droits, et tire de ses facultés tout le parti possible? En pareil cas, l'intérêt de la société ne justifie-t-il pas une intervention bienveillante, qui, sans nuire au père, protége l'enfant? Le principe me paraît juste, mais dans l'exécution que de difficultés et d'arbitraire ! A Paris et dans les grandes villes la mesure réussira peut-être, mais dans nos campagnes, où la commune est souvent formée de maisons disséminées au loin, où la mère a besoin de ses enfants durant les mois d'été, et n'ose pas toujours les laisser sortir en hiver, où le journalier n'a que ses bras pour gagner un salaire insuffisant, que fera le juge quand on traînera devant lui un homme dont le seul délit sera la misère? S'il punit le père, il frappe la famille, il fait de l'éducation un épouvantail ; s'il hésite, la loi n'est qu'une menace inutile. La solution américaine me paraît à la fois la plus efficace et la plus démocratique. La plus efficace, car, par sa douceur et son attrait, elle arrive à un résultat que la contrainte aura peine à atteindre, et que certes elle ne dépassera pas ; la plus démocratique, car elle ne touche ni à la liberté du citoyen, ni à l'autorité du père de famille, et cette atteinte est toujours délicate et de mauvais exemple, quelque bonne que soit l'intention.

Avec une éducation aussi forte et aussi répandue, on conçoit que l'Amérique se gouverne en démocratie et ne s'effraye point du suffrage universel. Mais que coûtent ces écoles si bien tenues ?

Fort cher : un dollar en moyenne, ou cinq francs par tête d'habitant[1].

Ce serait pour la France un budget de deux cents millions, sans parler des lycées et des facultés. A Paris seulement ce serait une dépense de huit millions et demi. Paris, qui se croit libéral, consacre à l'éducation deux millions et demi ; ce n'est pas le tiers de ce qu'on fait en Amérique. Voilà où il en faut venir ; c'est à ce prix que nous tirerons le peuple de son ignorance héréditaire, et que nous en ferons une nation de citoyens. Sans doute le sacrifice est considérable ; mais si nous voulons que le suffrage universel soit un bienfait, et non pas une menace perpétuelle, il ne nous est pas permis d'hésiter. D'ailleurs ce ne sera pas une dépense

1. En 1860, la population du Massachusetts est de 1,211,494 habitants, la dépense des écoles est de 1,612,823 dollars, ou (en ne comptant le dollar qu'à 5 francs) 8,064,115 francs. Dans cette dépense ne sont compris ni la construction et la réparation des écoles, ni l'achat des livres de classe. Dans le rapport du bureau d'éducation de 1863, la dépense par tête d'enfant présent à l'école est évaluée à 6 dollars 44 cents, ou 32 francs 20 centimes.

En 1868, on compte au Massachusetts 255,323 enfants ; il y en a 231,685 dans les écoles publiques ; la dépense est de 2,574,914 dollars (12,874,870 francs), plus de 50 francs par enfant.

stérile; l'exemple des États-Unis prouve que, dans un pays libre, la production agricole et industrielle suit le progrès de l'éducation. Vous ne pouvez pas améliorer l'ouvrier sans qu'il améliore et multiplie ses œuvres; la société gagne tout ce que gagne l'individu.

Que si des financiers, imbus des idées d'autrefois, s'effrayent d'une charge aussi lourde, et déclarent que la France n'est pas de force à la supporter, je les prie de considérer le budget de la guerre et de la marine, et je leur demanderai si, dans un pays où le quart de la population n'est pas même en état de signer son nom, il y a une proportion raisonnable entre les cinq cents millions que nous dépensons chaque année pour nos armées de terre et de mer et la maigre aumône de vingt millions que nous jetons à nos écoles. Les peuples modernes vivent-ils pour la paix ou pour la guerre? Est-ce la force ou l'industrie qui est aujourd'hui la reine du monde? La puissance d'une nation n'est-elle pas dans le travail et l'énergie de ses citoyens plus encore que dans le chiffre de ses armées? Dans un pays libre, le gros budget est celui des écoles, car c'est le budget de la richesse et de la civilisation. Tant que nous ne sentirons pas cette vérité, nous ne comprendrons rien au nouvel esprit qui emporte les sociétes chrétiennes vers un meilleur avenir; nous nous traînerons dans l'ornière du moyen âge, et nous aurons beau perfectionner l'art de nous entre-tuer, nous ne serons, j'ai honte de le dire, que des barbares ingénieux.

L'éducation n'est qu'une préparation à la vie; elle ouvre l'esprit, elle ne le remplit pas. Il ne suffit donc pas d'instruire l'enfant, il faut qu'au sortir de l'école, chaque jour lui apporte une leçon nouvelle, il faut un enseignement perpétuel pour l'homme, le chrétien, l'ouvrier, le citoyen. Voilà l'immense service que rendent gratuitement à la société, les églises, les journaux, les bibliothèques populaires, les cours publics, les réunions publiques et ces milliers d'associations qui, dans les pays libres, tiennent toujours en éveil la religion, la science et l'opinion. C'est par là que l'association est une liberté politique non moins qu'une liberté sociale; liberté d'autant plus précieuse qu'elle combat sans cesse l'ignorance et les mauvaises passions. Elle porte la lumière jusque dans ces misérables bouges où fermentent la jalousie et la haine, elle étouffe les révolutions dans leur foyer.

On voit quel est le rôle de l'éducation, c'est le

même que celui de la politique. Quand on ne se paye pas de mots, quand on ne met pas le bonheur d'un pays dans des formes vides, des contre-poids et des équilibres, on s'aperçoit bientôt que toutes les institutions libres n'ont qu'un objet, c'est d'amener l'accord des intérêts, des idées et des volontés entre les citoyens, c'est de faire du gouvernement l'organe d'une société honnête, industrieuse, éclairée et paisible. Pour en arriver là, il n'y a qu'un moyen, aussi vieux que le monde : c'est (dans la mesure du possible) de faire régner la vérité dans tous les esprits et la justice dans tous les cœurs.

XII

DE LA REPRÉSENTATION NATIONALE.

Parlons maintenant de la représentation nationale.

Chez tous les peuples libres, cette représentation est divisée en deux Chambres ; j'en ai dit plus haut la raison[1]. Cette division est aujourd'hui un axiome politique tant de fois vérifié par l'expérience, qu'on ne le discute plus. On peut affirmer à coup sûr que toute assemblée unique, qu'elle soit constituante ou législative, mènera le pays à l'anarchie et à la révolution[2]. Inutile de citer des exemples de cette vérité ; il serait, je crois, impossible de citer l'exemple du contraire. Une Chambre unique, ce fut, selon moi, la grosse erreur de la Révolution, la source de nos désordres

1. V. *supra*, p. 137.

2. Nous recommençons aujourd'hui l'essai d'une Assemblée unique qui a si mal réussi en 1789, 1792 et 1848. Mon opinion n'a pas changé ; mes craintes subsistent toujours. (1871.)

et de nos misères. Ce qui a manqué à nos pères pour fonder la liberté, c'est une seconde Chambre qui maintînt la première, et qui fût maintenue par elle dans le respect de la Constitution et de la volonté nationale. Le pouvoir absolu a enivré et perdu nos législateurs.

La Constitution de 1852 a évité cet écueil en établissant une Chambre et un Sénat. Mais pour instituer un gouvernement constitutionnel, il ne suffit pas d'écrire sur un parchemin qu'il y aura deux Chambres, il faut encore donner à ces assemblées une part d'action sur les affaires publiques. C'est là une des questions les plus délicates de la politique. Si le Corps législatif n'a qu'une autorité nominale, le pouvoir manque de contrôle; le pays ne s'attache pas à des assemblées qui ne le protégent point, à des institutions qui n'ont que l'apparence de la liberté. Mais si le Corps législatif a une autorité excessive, l'administration passe dans les Chambres, le gouvernement est paralysé, la liberté souffre de la faiblesse et de la déconsidération du pouvoir. Il y a donc un milieu où il est nécessaire de se tenir : il faut que les Chambres soient l'influence et ne soient pas le gouvernement.

Ce n'est un mystère pour personne que la Constitution de 1852 a réduit dans les plus étroites limites l'influence de la Chambre élective; le législateur s'en est expliqué nettement dans le préambule. Un corps composé de deux cent soixante membres, élus sur la désignation du pouvoir, n'était pas, ce semble, fort dangereux; cependant on l'a entouré de précautions excessives, afin que rien ne pût passionner le pays. Des représentants n'ont d'autorité que par leur parole, toute leur force est une force d'opinion; la Constitution a voulu que cette parole n'arrivât au pays que par la *reproduction du procès-verbal dressé, à l'issue de chaque séance, par les soins du président du Corps législatif*[1]. C'est ce compte rendu, incolore et sans vie, qui doit éclairer le pays, sans l'échauffer. Ce n'est pas tout; l'assemblée est passive entre les mains du gouvernement; elle a le droit de lui répondre, elle n'a pas le droit de l'interroger. Elle n'a ni droit d'initiative, ni droit d'amendement, ni droit de recevoir des pétitions, ni droit d'interpellation[2]. On a poussé si loin la

1. Constitution, art. 42.

2. Un sénatus-consulte a établi le droit d'interpellation, mais en l'entourant de conditions tellement restrictives que ce droit est entre les mains de la majorité, ou du gouvernement. Le droit d'interpellation, dans les pays libres, est au contraire le privilége et la défense des minorités. (1868.)

prudence, qu'on a pas même voulu que la Chambre se trouvât en présence des ministres dont elle critique le budget; ce sont les *orateurs du conseil d'Etat* qui soutiennent la discussion. « Le temps ne se perd pas en vaines interpellations, en accusations frivoles, en luttes passionnées, dont l'unique but était de renverser les ministres pour les remplacer. Ainsi donc les délibérations du Corps législatif seront indépendantes, mais les causes d'agitations stériles auront été supprimées..... Les mandataires de la nation feront mûrement les choses sérieuses[1]. »

Telle était l'organisation de la Chambre élective en 1852; il est évident que, dans la pensée du législateur, la Chambre ne devait être qu'un conseil, élu par le suffrage universel, admis au vote des lois et des impôts, mais sans influence politique sur le gouvernement ni sur le pays; quelque chose comme le Corps législatif du premier empire, honnête assemblée dont personne n'a jamais rien dit, et qui, par une conséquence toute naturelle, n'a jamais servi de rien ni à la France ni à l'empereur.

Mais les idées ont marché depuis cinquante

1. Préambule de la Constitution de 1852.

ans. On s'est aperçu qu'avec une Chambre ainsi constituée le pouvoir manquait de contrôle et de soutien; on a senti que l'opinion demandait davantage, et on a eu la sagesse de céder sur plusieurs points sans interdire de plus grandes espérances. Le procès-verbal des séances est devenu un compte rendu qui a remis les députés en communication directe avec le pays qui les nomme; la discussion de l'adresse a ramené, par un détour, le droit d'interpellation [1]. Il eût mieux valu, selon moi, ne pas raviver ces discussions stériles et restituer purement et simplement à la Chambre le droit d'interpellation; mais il ne faut pas trop marchander la forme quand la liberté est au fond.

Le droit d'amendement a été aussi rendu, avec des gênes inutiles et destinées à disparaître. Enfin le mot de responsabilité ministérielle a été prononcé, et tout en invoquant la Constitution, le gouvernement a fait un pas de ce côté, en supprimant les ministres sans portefeuille. Les avo-

1. L'adresse a été supprimée en 1867 et n'a été nullement remplacée par un droit d'interpellation, soumis au bon plaisir de la majorité. On a fait un pas en arrière, tandis qu'en donnant purement et simplement le droit d'interpellation on aurait fait un pas en avant dans la pratique sincère du gouvernement représentatif. (1868.)

cats du gouvernement sont maintenant des ministres privilégiés, administrateurs et orateurs à la fois[1]. C'est ainsi que par la force des choses le gouvernement revient aux habitudes parlementaires, et il a raison ; car le pays tient plus à ces libertés que ne l'ont cru des politiques qui nous ont trop légèrement jugés. Beaucoup de gens ont eu peur en 1848, je leur rends cette justice; mais la liberté de la Charte n'a jamais effrayé personne. On a pu la trouver insuffisante, on ne l'a jamais trouvée excessive. Il serait bon d'en revenir au moins là.

1. Aujourd'hui il n'y a plus de ministre privilégié ; chaque ministre défend son budget. C'est une bonne mesure; tout le monde y gagnera. (1868.)

XIII

DE LA RESPONSABILITÉ MINISTÉRIELLE.

De toutes les questions qui intéressent le parti libéral, il n'en est guère qui le touche de plus près que la responsabilité des ministres ; car, en toute monarchie, cette institution est une condition essentielle de la liberté. Sans cette garantie, les Chambres n'ont qu'une influence précaire ; le pays n'est jamais assuré qu'on respectera sa volonté.

Mais en ce point il est nécessaire de se faire des idées justes. Ce mot de responsabilité comporte des acceptions diverses ; il n'a pas toujours eu la même étendue ni le même sens ; il faut donc savoir ce qu'aujourd'hui on entend par ce nom. Nous verrons ensuite si l'institution, ainsi comprise, est contraire à la Constitution, et si elle justifie les terreurs de certains politiques qui jettent l'anathème aux usages parlementaires, et ne voient dans la responsabilité des ministres qu'une cause d'agitations stériles et de querelles sans fin.

Il y a trois sortes de responsabilité qui peuvent atteindre un ministre : une responsabilité criminelle, une responsabilité civile, une responsabilité politique ou morale[1]. Commençons par les distinguer.

La responsabilité criminelle n'a guère lieu qu'en cas de trahison et de concussion. C'est là un fait des plus rares dans l'histoire; en France il n'y en a guère d'exemple. La Constitution reconnaît cette responsabilité; elle déclare dans son art. 13 que *les ministres ne peuvent être mis en accusation que par le Sénat.*

La responsabilité civile n'existe pas en France, mais elle existe en Angleterre; elle y est regar-

1. Je ne parle pas de la responsabilité des ministres envers le chef de l'État; celle-là n'est contestée par personne. Dans tous les systèmes les ministres sont les agents du prince, qui les nomme et les révoque à son gré. Cela est aussi vrai à Londres qu'à Constantinople, et à Paris qu'à Berlin. Et cela ne peut pas être autrement. Le jour où la Chambre nommerait directement les ministres, que serait le prince, ou même le président? Il ne lui resterait plus qu'à abdiquer. (1868).

dée comme une des meilleures garanties de la liberté. Chez nos voisins, les ministres, comme tous les autres fonctionnaires publics, sont tenus de connaître et de respecter la loi. S'ils se trompent, c'est à leurs risques et périls. Chez nous, cette obligation n'existe que pour le simple citoyen. Si le ministre méconnaît ou viole la loi, le dommage est pour la victime et non pour celui qui a donné l'ordre illégal.

Un exemple montrera quelle est en ce point la différence des deux pays, et quel est celui qui comprend le mieux le grand principe de l'égalité devant la loi. Je suppose qu'un ministre fasse arrêter un citoyen ou saisisse ses papiers, sans que la loi l'y autorise, on n'y verra en France qu'un excès de zèle ou tout au plus une erreur regrettable; celui qui aura souffert n'aura pas droit d'en appeler aux tribunaux et d'obtenir réparation [1]. En Angleterre, on assignera le

1. Depuis que ces lignes sont écrites, un ministre, M. de Persigny, a fait saisir *administrativement* un livre non encore publié et nullement incriminé, *l'Histoire de la maison de Condé*, par le duc d'Aumale, et le tribunal s'est déclaré incompétent devant cette *saisie administrative*, c'est-à dire devant un coup d'autorité qu'aucune loi ne justifie. Croit-on qu'un juge anglais se serait incliné devant ce qu'on appelle en France la raison d'État et ce qui, en Angleterre, porte un

ministre devant la justice ordinaire, et on lui demandera quelque cent mille francs de dommages-intérêts. En vain il invoquera la sûreté de l'État, le salut public et autres arguments à l'usage de l'arbitraire ; s'il n'apporte pas un texte de loi qui justifie sa conduite, il sera condamné. Le dernier exemple de cette procédure date de la fin du dernier siècle ; c'est l'affaire de Wilkes, le journaliste. Arrêté chez lui par mesure de sûreté générale, Wilkes poursuivit le ministre et ses agents ; il les fit tous condamner à des dommages-intérêts considérables. Wilkes était un personnage peu respectable ; mais les Anglais n'entendaient pas qu'à propos d'un séditieux on violât la règle constitutionnelle, qui fait de la maison de chaque citoyen son asile et son château fort. La leçon a profité. Depuis lors, les ministres anglais et leurs agents ont eu des lumières qui manquent aux nôtres ; ils connaissent la loi et ne l'oublient jamais. Pour faire l'éducation civique d'un fonctionnaire, il n'y a rien de tel que la responsabilité pécuniaire. Quand on doit payer son ignorance, on est vite éclairé.

Vient enfin la responsabilité politique. Celle-

tout autre nom ? (1868.) — Tout ceci est heureusement changé aujourd'hui, et les choses n'en vont pas plus mal. (1871.)

là n'entraîne après soi ni flétrissure ni amende ; elle n'est autre chose qu'un blâme prononcé par la Chambre sur certains actes ministériels ; quelquefois aussi c'est un vote de non-confiance. Ce blâme ou cette méfiance n'atteignent en rien l'honneur de l'homme ; c'est une simple déclaration politique qui signifie que la Chambre et le ministre ne sont pas d'accord.

C'est cette responsabilité que l'opinion libérale réclame aujourd'hui. La raison en est simple. Otez la responsabilité ministérielle, la Chambre n'est rien ; elle n'a aucune prise sur l'administration : sans elle et malgré elle on fait la paix et la guerre, on gaspille les ressources du pays, on se joue des lois. Qu'est-ce que des représentants qu'on n'écoute pas et qui ne peuvent pas se faire écouter ? Ce qui fait l'excellence du régime constitutionnel, c'est que le pays et le gouvernement sont mis en communication par les Chambres ; jamais le prince n'est étranger à la nation, comme cela n'arrive que trop souvent dans les monarchies absolues. Dans un État constitutionnel, l'administration agit en toute liberté et en plein jour, les députés donnent leurs conseils et contrôlent les actes accomplis. De cette façon, grâce à des concessions et à une entente mutuelle, on marche en commun. Le gouvernement est vraiment l'organe de la nation; c'est de là que vient aux pays libres leur force et leur grandeur.

Supposons maintenant qu'une dissidence s'élève, que les députés et l'administration ne s'entendent plus; c'est la faute de la Chambre, ou la faute du ministère. Comment sortir de cette difficulté?

Il y a deux moyens qu'enseigne l'expérience. Si le prince croit que la Chambre a tort, il la dissout et renvoie ainsi la question devant le pays; s'il pense, au contraire, que la nation soutient ses mandataires, il change le ministre ou le ministère, et prend des hommes nouveaux qui marchent d'accord avec la Chambre et avec l'opinion.

Y a-t-il un troisième moyen qui permette de tourner la difficulté? Je ne crois pas qu'on en trouve. Sans doute on peut de plus d'une façon réconcilier les ministres et les Chambres; l'art de la politique est de rapprocher les hommes et d'écarter les obstacles qui les divisent. D'ailleurs, avant d'en venir à une rupture, des députés hésitent toujours; ils sont moins impatients que l'opinion : on peut les satisfaire avec des concessions et des promesses qui souvent ne suffisent pas au pays; mais vienne la lutte, comment en sortir si on ne cède pas d'un côté, ou même des deux côtés à la fois?

Telle est la pratique des États constitutionnels. Ce n'est pas le caprice d'un théoricien qui l'a introduite, c'est la nécessité. Je ne crois pas qu'en Angleterre la responsabilité ministérielle soit écrite dans les lois; elle s'est établie d'elle-même, par la force des choses. Le jour où une Chambre, appuyée sur l'opinion, se déclare mécontente d'un ministre et repousse un chapitre du budget, la responsabilité existe; il n'est pas possible de l'éviter. Ou il ne faut pas avoir de représentation nationale, ou il faut que le gouvernement s'entende avec elle; c'est le bon sens qui le dit. Quand on n'accepte pas cette pratique sincère de la liberté politique, on se jette dans une métaphysique subtile, irritante et pleine de dangers. Peut-être s'en apercevra-t-on dès la prochaine session.

En effet, si les nouveaux députés n'oublient pas les promesses faites pas les candidats de toutes nuances, s'ils demandent la liberté civile, la paix et des économies, et s'ils n'éprouvent que des refus, à qui s'en prendront-ils? Aux ministres? Au nom de la Constitution, on leur interdira la parole. Au chef de l'État? mais d'après la Constitution, l'empereur est responsable devant la nation, et non devant la Chambre. Et d'ailleurs, quand le respect n'imposerait pas silence à l'opposition, comment admettre qu'on puisse dénoncer le chef de l'État comme personnellement responsable de la politique dont se plaint le pays. Il n'y a pas de gouvernement qui résisterait à cette épreuve. Si la Chambre persiste dans sa résolution, la voilà donc obligée de s'attaquer à une abstraction, d'accuser le gouvernement, l'administration, etc., et de frapper à tort et à travers, sans savoir où portent ses coups. Ce n'est pas là une situation régulière; le pouvoir peut en souffrir autant que le pays. Si le chef de l'État a une fois encore la sagesse de comprendre ce que veut l'opinion, s'il choisit des hommes nouveaux pour inaugurer une politique nouvelle, la responsabilité ministérielle est rétablie. Si, au contraire, le gouvernement ne veut pas céder, et si, de son côté, le pays s'échauffe et pousse la Chambre, où va-t-on? Au lieu de s'entendre et de constituer la liberté par un commun effort, faudra-t-il recommencer les querelles et les fautes de la Restauration?

A la pratique de la responsabilité ministérielle, on fait deux objections. L'une nous semble peu sérieuse, quoiqu'elle ait fait fortune ; ce n'est qu'une confusion d'idées. L'autre, au contraire, mérite plus d'attention.

— La responsabilité ministérielle, dit-on, n'est qu'une fiction ; elle devrait couvrir et garantir le chef de l'État, elle n'en fait rien. Jamais la responsabilité ministérielle n'a empêché une révolution.

— Si spécieuse qu'en soit l'apparence, je dis que cette objection ne repose que sur une confusion d'idées. La responsabilité ministérielle n'empêche pas les révolutions, je l'avoue ; mais est-ce que l'irresponsabilité ministérielle aurait cette vertu ? Un roi absolu est-il moins exposé qu'un roi constitutionnel ? Prenez tous les princes tombés depuis le commencement du siècle : Napoléon, Charles X, Louis-Philippe, Ferdinand VII, Guillaume des Pays-Bas, don Miguel, Othon, Ferdinand ou François de Naples, etc. ; les uns avaient des ministres responsables, les autres n'en avaient pas. Leur sort n'a-t-il pas été le même ? Les révolutions sont des crises violentes qui ont les causes les plus diverses ; on n'a pas encore trouvé de panacée qui les prévienne ; mais assurément ce n'est pas la responsabilité ministérielle qui les engendre, car les pays les plus tranquilles sont ceux où règne cette institution.

— Mais en France, ajoute-t-on, c'est toujours le chef du gouvernement qu'on rend responsable. — C'est qu'en France le chef du gouvernement n'a jamais franchement accepté les conditions du régime constitutionnel. En 1830, il était trop évident que c'était le roi, et non pas les ministres, qui résolûment déchirait la Charte; en 1848, ce qui a fait la faiblesse du roi Louis-Philippe, c'est qu'à tort ou à raison on lui reprochait de gouverner personnellement. Loin d'être un argument contre la responsabilité ministérielle, la révolution de 1830 dépose en sa faveur. Des ministres qui se seraient sentis vraiment responsables n'auraient jamais signé les ordonnances, et ils auraient sauvé la monarchie.

— La responsabilité ministérielle, dit-on encore, met le gouvernement dans les Chambres ; rétablissez-la, vous verrez renaître ces intrigues misérables, ces coalitions intéressées, ces querelles de portefeuille qui ont dégoûté les Français du régime parlementaire.

— Ceci est la seconde objection. Je crois les

Français moins dégoûtés de ce régime qu'on ne le suppose; mais laissons de côté un passé que chacun interprète à son gré. Allons au fond des choses, voyons si on ne se paye pas de mots.

La responsabilité, dit-on, met le gouvernement dans les Chambres. Qu'entend-on par là? Que les députés deviendront maîtres de l'administration? Non; c'est là une crainte exagérée. Même en Angleterre, où les Chambres sont toutes-puissantes, ce sont les ministres qui gouvernent et non pas le Parlement. Veut-on dire qu'en Angleterre l'influence des Chambres est prépondérante, et que le ministère n'ose rien faire sans leur avis? Je réponds que c'est là l'essence du gouvernement constitutionnel; sans cette influence, il n'y a ni liberté politique, ni liberté civile, ni paix, ni économie. Il faut que les Chambres soient écoutées, parce qu'en toutes choses il faut que le pays ait le dernier mot. Veut-on gouverner en dehors des Chambres et malgré elles? Qu'on le dise, mais qu'on ne parle plus de liberté. Ce sera un régime qui ne répondra à rien de ce que la France a voulu en 1789, en 1814 et en 1830. Je n'oserais lui promettre une longue popularité.

— Mais ne peut-on pas craindre que l'influence

de la Chambre ne devienne excessive et ne trouble la marche de l'administration?

— Sans doute on peut le craindre, comme aussi on peut redouter que le pouvoir n'exerce une action trop forte et ne laisse pas à la Chambre une influence suffisante. Les institutions politiques n'ont rien d'absolu; on n'a pas encore trouvé de charte qui dispense les hommes d'être sages et justes, ni qui les rende heureux et tranquilles malgré leurs folies. La responsabilité ministérielle peut avoir des inconvénients si la Chambre est violente et le pouvoir trop faible; cela est certain: mais ces inconvénients, on peut y parer; et que sont-ils d'ailleurs quand on les compare aux dangers d'un système où les Chambres sont désarmées et le pouvoir sans responsabilité.

Il est trop facile de critiquer une institution, quand on en grossit les abus possibles et qu'on ne met pas en comparaison l'institution qu'on lui préfère. Demandons-nous ce que c'est qu'un gouvernement où les ministres sont irresponsables, nous verrons bientôt que la responsabilité n'est pas moins utile au prince qu'au pays. En France, on s'imagine toujours que la liberté n'est qu'un affaiblissement du pouvoir et ne sert qu'aux sujets: c'est une grande erreur; la liberté est le commun profit de tous. Là où la responsabilité ministérielle n'existe pas, il semble difficile que le chef de l'État connaisse l'état des choses et ne se méprenne pas souvent sur ce qu'il peut ou ne peut pas faire. Un homme qui, par son habileté, s'était élevé au premier rang, un prince qui fut un fondateur d'empire, et qui aurait laissé dans l'histoire la réputation d'un grand politique, s'il n'avait persécuté les chrétiens, Dioclétien, maître du monde, se plaignait qu'avec le pouvoir absolu il lui était impossible de savoir la vérité. « Quatre ou cinq personnes, disait-il, s'entendent pour tromper l'empereur, et ne lui permettent plus de voir par ses yeux. Enfermé dans son palais, l'empereur ne connait pas la vérité; il est forcé de ne savoir que ce que ses entours lui disent. Il nomme aux emplois ceux qu'il ne faudrait pas nommer; il en écarte ceux qu'il y faudrait appeler. Et voilà comme l'on vend un prince bon, prudent et vertueux[1]. »

1. Flav. Vopiscus, *vie d'Aurélien*, chap. 43. Colligunt se quatuor vel quinque, atque unum consilium ad decipiendum imperatorem capiunt; dicunt quod probandum sit : imperator, qui domi clausus est, vera non novit : cogitur hoc tantum scire quod illi loquuntur; facit judices, quos fieri non oportet; amovet a republica, quos debebat obtinere. Quid multa?

Depuis Dioclétien, ni les hommes ni les choses n'ont changé. Un chef d'État, dont rien ne limite l'autorité, en sera toujours réduit à ses seules lumières. S'il n'est pas infaillible, il aura plus d'une fois à regretter ce qu'il aura fait. Au lieu de l'éclairer, ses amis, ses ministres, ses créatures (et je ne les suppose ni ambitieux ni cupides), mettront leur gloire à lui obéir aveuglément. Loin de le retenir sur une pente dangereuse, ils l'y pousseront, au risque de se perdre avec lui. Résister ne leur viendra pas même à l'esprit, car, pour résister, il faut un point d'appui, et ils n'en ont pas. Le prince n'aura donc pas une passion, pas une faiblesse, pas une idée fausse qu'on ne flatte et qu'on ne serve; c'est l'histoire de toutes les cours. Qu'on lise Saint-Simon, on verra ce qu'étaient les ministres et les conseillers de Louis XIV. L'air de Versailles était mortel à la vérité.

Pour éclairer un chef d'État, pour le retenir dans les limites du raisonnable et du possible, il faut un ministre responsable, c'est-à-dire un homme qui ait à justifier publiquement la politique qu'il défend, les mesures auxquelles il s'associe. Ce-

ut Diocletianus ipse dicebat : Bonus, cautus, optimus venditur Imperator.

lui-là, par sa position même, ne peut pas être un flatteur; c'est un conseiller. Il aidera le prince à faire le bien, mais il s'arrêtera au point où s'arrête quiconque doit demander à ses concitoyens l'approbation de sa conduite. Il n'imitera pas les ministres de 1830, il n'ira pas se perdre avec un monarque qui oublie ses serments; c'est la plus fausse et la plus niaise de toutes les chevaleries; il mettra son honneur à servir avec le même dévouement son prince et son pays. Voilà ce que demande le patriotisme. Voilà le rôle et l'utilité des ministres constitutionnels. Leur responsabilité n'est ni une fiction, ni un mensonge; c'est une grande et ferme garantie qui n'est pas seulement nécessaire à la nation. Pour qui connaît l'histoire d'Angleterre, est-il douteux que la responsabilité des ministres a plus d'une fois sauvé la maison de Hanovre? Se figure-t-on ce qu'aurait été un George IV roi absolu?

En soutenant ces principes, qui ont fait la fortune des pays constitutionnels, je ne crois pas diminuer l'autorité du prince. L'indépendance du pouvoir exécutif est nécessaire au maintien de la liberté; mais cette indépendance n'est pas absolue. Le chef de l'État ne doit obéir à personne; mais il doit se concerter et s'entendre avec les représentants du pays. S'imaginer qu'un roi est d'autant plus puissant que rien ne gêne son caprice, c'est une vue d'enfant; c'est prendre l'excès pour la force. A ce titre, le sultan serait le plus grand des monarques; c'est le plus faible des souverains. Aujourd'hui le rôle d'un prince constitutionnel est plus noble et plus glorieux que celui des César, des Louis XIV et des Napoléon. Écouter la voix de tout un peuple, au lieu de lui imposer une pensée qui n'est pas la sienne; être l'arbitre suprême de toutes les opinions et de tous les partis, au lieu de les plier et de les asservir à une volonté particulière; au dehors, défendre et maintenir l'honneur de la nation, au dedans, faire régner la liberté et la justice, ne rien rapporter à soi-même et se sacrifier au bien public, quelle mission pour qui sait la comprendre! A côté de cela, qu'est-ce que ces coups de partis, ces combinaisons politiques, ces aventures qui ne laissent dans l'histoire que des pages sanglantes, et qui trop souvent fatiguent et ruinent un pays? Pour les chefs d'État comme pour les individus, il y a deux sortes de grandeur : l'une est cette grandeur théâtrale qui éblouit un instant la foule et ne laisse dans le cœur qu'un incurable ennui, l'autre est cette grandeur morale qui attend sa récompense de Dieu et de l'avenir. C'est la grandeur d'un Washington, c'est celle qui fonde les empires, et qui laisse après soi, dans la prospérité des peuples, un monument que le temps ne détruit pas. Dans un siècle où les nations industrieuses et pacifiques demandent à vivre de leur propre vie, comment ne sent-on pas que l'intérêt et la gloire du prince lui crient de servir la liberté?

Jusqu'à présent j'ai supposé que le prince seul, et par son génie, suffirait aux affaires publiques. Mais dans le monde moderne, cette supposition est loin de la vérité. Dans une société aussi compliquée que la nôtre, avec une administration qui enserre le pays et qui domine les intérêts privés aussi bien que les intérêts publics, un souverain, si habile qu'il soit, ne peut pas tout voir par ses yeux; une foule de choses lui échappent. Chez un peuple libre, cela n'a pas une grande importance; on ne demande pas au prince de s'occuper des détails; ce soin regarde ou les citoyens eux-mêmes, ou les ministres qui seuls sont responsables. Mais supprimez la responsabilité des ministres, et à l'instant même il en paraît une autre de la nature la plus singulière. Pour l'opinion, c'est le chef de l'État qui est responsable de toutes les fautes et de toutes les folies de ses ministres; c'est à lui qu'on s'en prend de la nomination d'un maire et de la révocation d'un garde champêtre; c'est lui qu'on accuse de négligences et d'injustices qu'il n'a pu ni connaître ni prévenir. Le gouvernement tout entier porte sur lui et l'écrase; il n'a pas l'action, il a la responsabilité.

C'est là une fausse et mauvaise situation; aussi je ne crains pas de dire qu'avec des ministres responsables, un roi constitutionnel est plus libre et plus puissant qu'un monarque absolu. Un mot, un désir de la reine Victoria a plus d'autorité qu'un ukase du czar; le peuple anglais écoute la reine et met sa gloire à lui plaire; l'administration fait échouer les meilleures intentions de l'autocrate de toutes les Russies. Cette volonté, que rien ne limite, est paralysée par l'inertie des bureaux. Sans doute la reine d'Angleterre ne peut ni ruiner ni déporter ses sujets; elle ne peut pas, par caprice, jeter son pays dans une guerre formidable; mais sont-ce là des prérogatives qu'un cœur honnête ait à regretter? Impuissante à faire le mal, mais toute-puissante pour faire le bien, aimée et respectée d'une des plus grandes nations du monde, il me semble qu'en fait de considération et d'autorité véritable, la reine Victoria n'a rien à envier à personne. Elle règne sur les âmes, c'est la seule souveraineté qui soit digne de ce nom.

Reste une dernière objection à laquelle il faut s'attendre dans un pays adorateur de la forme et des mots. La Constitution déclare dans son article 13 que *les ministres ne dépendent que du chef de l'État; ils ne sont responsables que chacun en ce qui les concerne des actes du gouvernement; il n'y a point de solidarité entre eux*. C'est là, dira-t-on, une des *bases* proposées à l'acceptation du peuple, et qui ne peuvent être changées que de son consentement exprès. La Constitution repousse donc la responsabilité ministérielle devant les Chambres; il faudrait un plébiscite pour l'établir[1].

Sur ce point, deux observations.

Quand j'ai parlé de la responsabilité ministérielle, j'ai dit que c'était une condition essentielle de la liberté politique dans les monarchies, je n'ai pas dit dans les républiques. En effet, lorsque le pouvoir exécutif est perpétuel et héréditaire, s'il n'y a pas de ministres responsables, il n'y a aucune espèce de responsabilité. Le pays est sans garantie contre un mauvais gouvernement, car je n'ap-

1. La Constitution plébiscitaire de 1870 l'avait établie dans son article 19 : « Les ministres sont responsables. » (1871.)

pelle pas garantie une révolution. Mais dans les républiques, où le pouvoir exécutif est temporaire, une constitution peut remplacer la responsabilité des ministres par celle du chef de l'État. La garantie existe, mais elle repose sur une autre tête.

C'est ainsi que chez les anciens, avec des magistratures annuelles et électives, il n'y a jamais eu d'autre responsabilité que celle du magistrat lui-même. C'est ainsi qu'aux États-Unis les ministres sont étrangers aux Chambres et ne sont pas responsables. Mais la présidence ne dure que quatre ans et n'a que des attributions étroites; les deux Chambres ont seules le pouvoir législatif (le président n'a qu'un *veto* suspensif); au moyen d'une loi, elles peuvent toujours faire prévaloir leur volonté. On ne peut pas faire la guerre sans leur aveu; et enfin les ministres eux-mêmes ne sont choisis qu'avec l'approbation du Sénat. Quand un peuple se mêle à ce point de ses propres affaires, quand il garde dans ses mains une si grande part de la puissance publique, on conçoit qu'il n'ait pas besoin de la responsabilité ministérielle et qu'il la remplace par d'autres garanties.

Et cependant il est si nécessaire que les ministres et les Chambres soient en rapport, qu'aux

États-Unis même on se plaint de ce système. La constitution des confédérés appelle les ministres dans les Chambres, et se rapproche en ce point de l'Angleterre. C'est le seul bon article de cette nouvelle charte.

La Constitution de 1852 a été faite pour une république. Les choses vont si vite en France que nous avons peut-être oublié qu'en 1852 nous étions républicains. Cette constitution avait adopté l'idée américaine. Le président était seul maître de l'administration, mais il n'était nommé que pour dix ans; par conséquent il pouvait être responsable. Dix ans, sans doute, sont un long délai, mais enfin, au bout de ces dix années, la France pouvait se prononcer sur la politique de son chef, et le rendre responsable en ne le réélisant pas. Une fois l'empire proclamé et la monarchie héréditaire rétablie, le système américain n'a plus de sens. Le président était responponsable, l'empereur ne l'est pas et ne peut pas l'être; la responsabilité ministérielle redevient une nécessité.

Ma seconde observation est celle-ci :

Les termes de la Constitution ne s'opposent en rien à l'établissement de la responsabilité ministérielle, car cette responsabilité est moins une institution qu'on décrète par une loi, qu'un usage qui s'établit par l'accord mutuel du chef de l'État et des Chambres. On ne pourrait même pas faire décider la responsabilité ministérielle par un plébiscite sans risquer de se perdre dans un de ces extrêmes qui sont toujours nuisibles à la liberté. Si la Constitution déclarait en termes formels que les ministres sont responsables devant la Chambre, il serait à craindre que les ministres ne tombassent dans la dépendance absolue des députés. On arriverait ainsi à l'omnipotence des Chambres, ce qui est une forme de gouvernement dangereuse, et particulièrement désagréable à la France. Ce n'est pas là ce que peut vouloir le parti libéral.

Restons dans les termes de la Constitution, en les expliquant dans un sens favorable à la liberté constitutionnelle. *Les ministres ne dépendent que du chef de l'État :* soit, si l'on entend par là que le chef de l'État a seul le droit de les nommer et de les révoquer ; *ils ne sont responsables des actes du gouvernement que chacun en ce qui le concerne :* soit encore, si l'on entend par là que le gouvernement ne veut pas accepter un ministère de toutes pièces imposé par la Chambre. Mais comprenons que si la Chambre ne nomme ni les ministères ni les ministres, il lui est permis de désirer que les ministres soient mis en rapport avec elle, afin qu'elle puisse, non pas s'ingérer dans l'administration, mais surveiller les affaires publiques et parler au nom du pays. Que de part et d'autre on mette en ceci un bon vouloir qui aujourd'hui est facile et sans danger, qu'au lieu de se retrancher derrière la lettre morte d'une Constitution, on envoie les ministres à la Chambre, afin que chacun y défende les actes qu'il a signés, on arrivera ainsi peu à peu à la pratique de la responsabilité ministérielle, et on verra qu'elle est dans l'intérêt de tous.

Les réformes faites dans ces dernières années commandent cette mesure. En rendant la parole à la Chambre, en la mettant en communication avec le pays, on en a fait un pouvoir politique qu'on ne peut pas laisser isolé et sans influence sur le gouvernement. Tenue en dehors des affaires, la Chambre en est réduite à faire une opposition perpétuelle; mêlée aux grands intérêts de l'État, par ses avis et son contrôle, elle prend le rôle qui lui convient, celui d'un intermédiaire entre le gouvernement et le pays : elle éclaire le premier, elle modère le second; elle est pour ainsi dire le trait d'union entre les deux. On rentre dans la sincérité du régime constitutionnel; on peut travailler paisiblement et d'accord à l'établissement de la liberté.

Une dernière réflexion. Je me suis renfermé dans la lettre de la Constitution ; j'ai dit ce qu'elle permet, si des deux parts on veut s'entendre. Mais en dehors et au-dessus de tout ce qu'un législateur peut écrire, il y a une vérité des choses qui tôt ou tard finit par éclater. En politique, comme en droit, c'est une maxime certaine que *donner et retenir ne vaut*. Une fois qu'on a établi des institutions libres, on n'en peut éviter les conséquences; le temps et les événements tirent de ces institutions tout ce qu'elles renferment; c'est une nécessité à laquelle rien n'échappe. On peut garder pour soi le pouvoir absolu, si le pays le supporte; on peut également organiser un régime constitutionnel; mais ce qui n'est pas possible, c'est de fondre ensemble deux systèmes qui s'excluent l'un l'autre; c'est d'avoir une Chambre élue par la nation, et de gouverner arbitrairement.

Les Anglais l'ont senti; ils ont franchement accepté les conditions de la liberté. C'est dans le Parlement que la royauté, éclairée par l'expérience, a établi son centre d'action. Les ministres sont pris dans les Chambres; c'est avec elles et par elles qu'ils gouvernent. Pour les Anglais, c'est en cela que consiste le régime constitutionnel. C'est un système simple, vrai, pratique; il a pour lui deux siècles de succès.

L'exemple de l'Angleterre a éclairé le continent. L'aînée des nations libres, la Hollande, se gouverne comme la Grande-Bretagne. En adoptant les mêmes principes, le roi Léopold de Belgique a fait le bonheur d'un peuple jusque-là réputé indomptable. Pour fonder l'unité et la liberté italienne, le roi Victor-Emmanuel et M. de Cavour n'ont point cherché d'autre forme politique que ce régime éprouvé. Imaginer des combinaisons nouvelles, c'est jeter un défi à l'expérience et se perdre dans l'inconnu.

En France, nous avons dédaigné la sagesse de nos voisins. Depuis la Constituante jusqu'au Directoire, toutes les chartes de la révolution ont interdit aux ministres de faire partie des assemblées. C'était un axiome politique, que le pouvoir exécutif est toujours l'ennemi du pouvoir législatif, et, qu'on ne pouvait maintenir l'indépendance des représentants qu'en les érigeant en censeurs jaloux et défiants. En vain Mounier disait en 1789 avec une profonde sagesse : *Pour que les pouvoirs soient à jamais divisés, il ne faut pas qu'ils soient entièrement séparés;* on se croyait sage en proclamant que *la guerre entre les pouvoirs est la condition de la liberté. Le jour où ils sont en paix, le peuple devient esclave.* Malouet, Cazalès, Clermont-Tonnerre, Mirabeau échouèrent en combattant ce préjugé funeste; ils demandèrent plus d'une fois qu'entre le roi et l'assemblée il y eût des ministres, choisis parmi les députés, et chargés de représenter le roi devant la Chambre, aussi bien que la Chambre devant le roi. On ne les écouta pas, et on marcha droit à l'abîme. Dans un excellent livre, véritable manuel de la liberté constitutionnelle[1], M. Duvergier de Hauranne a pu dire, l'histoire à la main, que l'erreur capitale de l'Assemblée constituante, l'erreur qui a eu les conséquences les plus désastreuses, a été de considérer les ministres comme les purs agents du pouvoir exécutif, et non comme les intermédiaires naturels et nécessaires entre deux pouvoirs qui ne peuvent être qu'ennemis s'ils ne sont pas associés. Je crois que l'absence d'une seconde Chambre n'a pas été une erreur moins fâcheuse; mais ce qui ne paraît pas douteux, c'est qu'avec un

1. *Histoire du Gouvernement parlementaire en France*, t. I, p. 116.

ministère sans force et sans racines, la royauté était désarmée et perdue. On marchait fatalement à l'omnipotence de la Convention.

Aujourd'hui, comme au temps de la révolution, les ministres n'ont rien de commun avec les Chambres; les deux pouvoirs sont entièrement séparés. Ce qui rassure nos nouveaux politiques, c'est que la situation est renversée; c'est l'autorité qui est forte, c'est la Chambre qui est faible et subordonnée. On ne voit pas, on ne veut pas voir que, par le seul progrès de l'opinion, un moment peut venir où la Chambre se croira assez puissante pour être écoutée. Qu'elle ait tort ou raison, peu importe; le jour où elle regimbera sous la main du pouvoir, où elle réclamera une part d'influence, si l'opinion la soutient, quel sera le moyen de gouverner? qui dirigera la Chambre? Et diriger la Chambre c'est tout le secret du gouvernement constitutionnel. Des orateurs étrangers seront suspects; leurs paroles seront mal interprétées, leurs intentions attaquées; que fera-t-on? Ce sera la guerre entre les deux pouvoirs, et une guerre sans issue.

Voilà ce que l'expérience a enseigné aux Anglais, gens pratiques, et qui ne donnent rien à la théorie. Ils ont vu depuis longtemps que si on n'a pas les Chambres avec soi et pour soi, on ne peut pas gouverner. Aussi ont-ils poussé aux dernières limites le respect et le ménagement de la représentation nationale. Ils ne lui ont marchandé ni l'influence, ni l'autorité. Ils ont senti que des Chambres ne se laisseraient jamais conduire que par des hommes pris dans leur sein, et ils ont trouvé si naturelle cette susceptibilité parlementaire, qu'un ministre ne paraît jamais dans la Chambre dont il ne fait pas partie. Étranger à l'assemblée, il n'y pourrait parler avec une liberté et une autorité suffisantes. Lord Palmerston, premier ministre d'Angleterre, n'a pas droit de défendre sa politique devant les pairs du royaume; lord John Russel, en acceptant la pairie, est resté ministre, mais il est sorti de la Chambre des communes. Il y a là un juste sentiment des convenances, et cette connaissance du cœur humain que la pratique de la liberté politique donne au plus haut degré.

Durant trente-trois années nous nous sommes rapprochés des usages anglais; personne, que je sache, ne mettait en doute la nécessité de prendre les ministres dans les Chambres. Gouverner avec et par le Parlement, c'était pour nous, comme pour nos voisins, tout le régime constitutionnel.

Nous avons changé tout cela; les nouveaux politiques, qui se sont chargés de notre éducation, veulent bien nous assurer que c'est un progrès immense. Les Anglais sont restés fidèles à leurs vieilles coutumes; ils ne comprennent pas qu'on puisse gouverner avec des Chambres sans avoir pour soi la majorité, ni qu'on puisse avoir la majorité sans lui emprunter les ministres; le problème politique se réduit pour eux à une vérité aussi vieille que le monde : *Qui veut la fin veut les moyens* [1].

1. C'est ce que l'Empire avait fini par comprendre. Le système impérial était à bout quand la Constitution de 1870 est venue promettre à la France la réalité du régime constitutionnel. La guerre avec la Prusse a entraîné la chute de l'Empire et de sa Constitution plébiscitaire ; on n'a pas essayé de ce nouvel *acte additionnel*, mais il faut lui rendre cette justice qu'il n'était pas moins libéral que la Charte de 1830, et qu'il était plus démocratique. (1871.)

XIV

DU SÉNAT.

Je n'ai vu aucun programme libéral qui fît mention du Sénat. Cependant l'organisation de ce pouvoir modérateur intéresse la liberté, et il me semble qu'en étendant les prérogatives du Sénat, on faciliterait beaucoup le jeu de nos institutions.

La Constitution de 1852 donne des attributions considérables au Sénat ; elle en fait le gardien de la tradition et le protecteur des libertés publiques et privées.

« *Le Sénat*, dit le préambule de la Constitution, *n'est plus, comme la Chambre des pairs, le pâle reflet de la Chambre des députés, répétant à quelques jours d'intervalle les mêmes discussions sur un autre ton.* Il est le dépositaire du pacte fondamental et des libertés compatibles avec la Constitution; et c'est uniquement sous le rapport des grands principes sur lesquels repose notre société, qu'il examine toutes les lois et qu'il en propose de nouvelles au pouvoir exécutif. Il intervient, soit pour résoudre toute difficulté grave qui pourrait s'élever pendant l'absence du Corps législatif, soit pour expliquer le texte de la Constitution et assurer ce qui est nécessaire à sa marche. Il a le droit d'annuler tout acte arbitraire ou illégal, et jouissant ainsi de cette considération qui s'attache à un corps exclusivement occupé de l'examen de grands intérêts ou de l'application de grands principes, il remplit dans l'État le rôle indépendant, salutaire, conservateur, des anciens parlements. »

Ce sont là de grandes prérogatives, surtout depuis qu'un décret libéral a rendu publiques les séances du Sénat. Jusque-là, avec toute sa puissance théorique, le Sénat, n'étant pas en communication avec le pays, n'avait qu'une autorité douteuse; il pouvait réclamer sans doute, mais le pays ne savait pas qu'on défendait ses intérêts, et ne s'attachait pas à ses défenseurs. D'ailleurs rien ne garantissait que l'administration ferait droit aux plaintes du Sénat; on brave aisément une assemblée muette et qui n'a pas d'écho dans l'opinion. Une Chambre dont les séances sont secrètes, c'est en politique quelque chose d'aussi étrange que le serait en industrie une machine qui ne produirait rien; ce n'est qu'une majestueuse inutilité.

Aujourd'hui, il n'en est plus de même; la voix du Sénat est répétée par les journaux, le pays s'intéresse aux séances du Luxembourg; je n'en veux d'autres preuves que l'affluence toujours croissante des pétitions.

Pour le Sénat comme pour la Chambre, on s'est donc déjà écarté du régime établi par la Constitution. La publicité a tout changé. La Chambre et le Sénat n'étaient guère que des conseils du gouvernement; aujourd'hui ces deux corps sont la représentation du pays. Ce n'est plus au pouvoir seul que ces deux assemblées s'adressent, c'est à l'opinion, et par l'opinion, à la France et au monde entier. La force des choses et la sagesse du chef de l'État nous ont ramenés aux usages parlementaires.

Je crois qu'il sera bientôt nécessaire de faire un nouveau pas, et de rendre au Sénat le rôle de la Chambre des pairs, en lui laissant discuter une seconde fois les lois et le budget. Voici mes raisons. Ce sont des idées toutes personnelles, mais qui ne sont peut-être pas indignes d'attention[1].

1. Un sénatus-consulte récent m'a donné raison, en éta-

La Constitution de 1852, comme toutes les chartes constitutionnelles, établit la division de la législature en deux assemblées ; cela est excellent, je l'ai déjà dit; mais le malheur est que, dans la Constitution de 1852, la division est plus apparente que réelle ; le Sénat est à la fois plus et moins qu'une chambre haute, et si l'on n'y prend garde, on peut se heurter un jour à de sérieuses difficultés.

Le Sénat s'oppose à la promulgation des lois inconstitutionnelles : c'est une garantie pour les libertés publiques; mais combien de lois, sans être inconstitutionnelles, ne peuvent-elles pas contenir de dispositions mauvaises et regrettables ? Si la Chambre n'a pas bien jugé, si le vote a été précipité, si la décision est fâcheuse, le mal est sans remède; on retombe dans les incon-

blissant une seconde discussion, faite par le Sénat. Mais la réforme n'a pas été faite franchement ; on a érigé le Sénat en tuteur du Corps législatif, ce qui est un rôle fort difficile à remplir pour une assemblée que la nation n'a point élue. Il eût été plus simple de faire du Sénat une chambre haute, et de lui reconnaître non pas un droit supérieur, mais un droit égal à celui du Corps législatif. (1868.) — La Constitution de 1870, article II, disait : « La puissance législative s'exerce collectivement par l'empereur, le Sénat et le Corps législatif. » C'était l'adoption complète des idées que je défendais. (1871.)

vénients d'une assemblée unique. Le Sénat n'a pas, comme la Chambre des pairs, la facilité de discuter une seconde fois, et au besoin, d'amender la loi. C'est un désavantage pour l'État et pour le pays, et un désavantage sans compensation.

Le législateur a calculé sans doute que la préparation de la loi, et l'acceptation des amendements par le conseil d'État, le mettaient à l'abri de toute surprise; je crains qu'il ne se soit trompé. Un exemple montrera qu'au moins, en ce qui touche le budget, ce ne serait pas trop du vote de deux assemblées.

On se souvient peut-être que, l'an dernier, il s'en est fallu de peu que la Chambre ne rejetât l'article du budget qui maintient l'impôt sur les voitures. Je ne blâme pas la Chambre, je crois qu'un droit sur les voitures serait une bonne taxe municipale, et n'est qu'un mauvais impôt général ; je constate seulement le fait. Il suffit d'un vote de la Chambre pour supprimer un impôt, et de même il suffit d'un vote pour l'établir[1].

1. Dans ce second cas, il faut que le gouvernement ait proposé l'impôt ; mais il n'en est pas moins vrai qu'il suffit du seul vote de la Chambre pour que l'impôt soit établi. Une voix de majorité peut grever le pays d'une charge considérable ; ce n'est pas une garantie suffisante pour les citoyens.

J'estime que dans les deux cas ce ne serait pas trop d'un double examen. Désorganiser le budget ou grever les citoyens d'une charge nouvelle sont choses assez graves pour qu'on y regarde à deux fois, et surtout pour qu'on éclaire le pays à ce sujet.

Blâmer les doubles discussions de la Chambre des députés et de la Chambre des pairs, c'est ne pas se rendre compte du rôle que joue la publicité dans la société moderne. Pour qu'une loi existe, il ne suffit pas qu'un législateur la décrète ; le Bulletin des lois est rempli de chefs-d'œuvre législatifs qui sont morts en naissant. Ce qui fait la force d'une loi, ce n'est pas l'autorité ni la sagesse du législateur, c'est l'entrée de la loi dans les mœurs ; il faut qu'elle devienne une part de la vie nationale. Voilà, entre autres raisons, pourquoi nos aïeux tenaient à leurs vieilles coutumes : ils les portaient gravées dans le cœur. Les modernes, qui ne songent qu'à rendre la vie plus intense, en supprimant l'espace et le temps, ont fait en politique les mêmes découvertes qu'en industrie. Avec des journaux et des tribunes, ils ont trouvé moyen de mûrir rapidement l'esprit public, de hâter l'expérience, d'intéresser et pour ainsi dire d'habituer le peuple à des lois nouvelles.

C'est ainsi qu'aujourd'hui toute réforme est devenue facile. Le progrès est moins une question de temps que de publicité.

Il ne faut donc pas dédaigner les doubles discussions. Pour améliorer la loi, c'est une bonne chose; mais, en outre, c'est une institution incomparable pour faire l'éducation du pays. N'y aurait-il donc pas avantage à ce que le Sénat s'associât complétement à l'œuvre du législateur? Est-il d'une bonne politique de laisser perdre des lumières qui éclaireraient à la fois le pouvoir et l'opinion?

On oublie vite en France, et peut-être ne se souvient-on plus des services législatifs rendus par la Chambre des pairs. Mais les jurisconsultes reconnaissent encore les lois préparées par ce corps respectable, et composé, comme le Sénat, d'hommes vieillis dans les affaires publiques. Ces lois, qui d'ordinaire ne sont point politiques, sont en général mieux rédigées que celles qui ont été faites par la Chambre des députés. Les rapports et les discussions de la Chambre des pairs sont toujours consultés avec fruit. On y trouve à la fois plus d'expérience et moins de passion que dans les discours de l'autre assemblée.

Il est vrai que, dans les discussions politiques, la Chambre des pairs n'était trop souvent que le *pâle reflet* de la Chambre des députés ; mais la faute en était à l'institution, et non pas aux hommes. Je crains fort qu'il n'en soit de même pour toute assemblée qui, n'étant pas élue par le peuple, n'a pas de racine dans le pays. Selon moi, depuis la Constitution de l'an VIII, toutes les fois qu'on a voulu établir un Sénat ou une Chambre haute, on a fait fausse route ; il y a toujours eu contradiction entre l'idée du législateur et les moyens qu'il a employés. Pour que le pouvoir législatif n'eût point une influence excessive, tantôt, comme en 1814, on a créé une Chambre héréditaire ; tantôt comme en 1830 et en 1852, on a remis au chef de l'État la nomination de la Chambre haute ; il n'y a eu d'électif que la Chambre des députés. Si le législateur avait voulu donner à ce dernier Corps une prépondérance irrésistible, je le demande, qu'aurait-il pu inventer de mieux que de faire des députés les seuls mandataires, et par conséquent les seuls représentants de la nation ? Qu'on lise notre histoire parlementaire depuis cinquante ans, on verra que ce qui a toujours fait la force, et quelquefois le danger de la Chambre des députés, c'est qu'elle seule parlait au nom du pays, et elle le savait.

Combien les Américains n'ont-ils pas été plus sages, quand ils ont confié leurs deux Chambres à l'élection? Il y a en tout pays une aristocratie de naissance, de fortune, de talent, de services rendus, qui tend de soi-même à s'élever en haut de la société, et à prendre la conduite des affaires. Le peuple ne répugne pas à cette direction, pourvu qu'on le laisse choisir lui-même et qu'on lui demande sa voix. Si la Chambre des pairs avait été élue par les départements, si le commerce, l'industrie, les sciences, les lettres, les arts avaient eu le droit de s'y faire représenter, peut-être la composition de l'assemblée n'aurait-elle pas beaucoup varié ; mais quelle différence de langage et d'autorité ! Comme on se sent fort quand on parle, non pas au nom de sa propre sagesse, mais au nom de concitoyens qui vous ont confié la garde de leurs droits, la défense de leurs intérêts! C'est alors que l'influence de la Chambre haute aurait vraiment tempéré celle des députés, et que les deux assemblées, maintenues l'une par l'autre, se seraient plus inquiétées d'écouter la volonté de la nation que le bruit des ambitions particulières.

En même temps quel avantage pour le pouvoir! Avec deux Chambres élues, et des ministres pris dans ces deux Chambres, il sera toujours facile au chef de l'État de trouver un appui pour une politique modérée. Il est bien rare que le Sénat des États-Unis ne soutienne pas le président; mais, chose singulière pour qui ne réfléchit pas! avec une seule Chambre élue et une assemblée nommée par lui, le gouvernement peut se trouver tout à coup surpris et désarmé. Supposez que l'opposition prenne le dessus dans la Chambre élective, et que l'opinion s'enflamme, que reste-t-il au gouvernement? Quel appui peut lui donner la Chambre qu'il a nommée, et qui ne représente le pays que par fiction? Il lui faut céder complétement ou résister à tout prix, deux pratiques également dangereuses, car toutes deux exaltent les esprits et agitent la nation. Le premier mérite d'un système constitutionnel, c'est que les institutions y soient si bien organisées, qu'on puisse aborder toute réforme sans inquiéter les intérêts et en ayant devant soi une longue et parfaite sécurité[1].

1. En traitant du Sénat, je n'ai point parlé des sénatus-consultes qui permettent à cette assemblée, non-seulement d'interpréter la Constitution et de suppléer à son silence, mais

encore de modifier la Constitution, avec le concours du pouvoir exécutif, il est vrai, mais sans consulter ni la Chambre ni le pays. Il y a là une puissance énorme, dont on ne s'aperçoit pas aujourd'hui, parce qu'elle est cachée et *dormante ;* mais dans un moment de crise, il peut sortir de là un coup d'État légal, soit contre le pays, soit contre le pouvoir.

C'est un danger que Rœderer signalait en l'an XII, en parlant du Sénat du premier empire qui avait les mêmes attributions que le nôtre.

« L'organisation des pouvoirs, disait-il, ne peut jouer utilement telle qu'elle est ; elle servira sans obstacle un prince violent, et renversera sans obstacle un prince faible.

« Avec un sénatus-consulte, le prince peut détruire le Corps législatif, le décimer, le déporter, etc. Et qu'en coûte-t-il pour un sénatus-consulte ? Un conseil privé préalable ! Un conseil composé à volonté !

« Avec une loi de finances proposée au Corps législatif et que l'on fait appuyer par des orateurs, on renverse le Sénat au grand contentement des tribunes.

« Voilà les abus qui sont au pouvoir d'un prince violent : voici ce qui peut arriver avec un prince faible.

« Le Sénat, après avoir servi longtemps à autoriser des volontés arbitraires, pourra bien se croire en droit d'avoir ses volontés propres. Un corps qui aura tout autorisé se croira tout permis. Après avoir été employé par le prince à détruire les pouvoirs constitutionnels, il pourra bien se croire en droit de détruire le prince *. »

Rœderer écrivait à l'avance l'histoire du Sénat impérial. Après avoir voté des conscriptions et des proscriptions, le Sénat vota la déchéance du maître qu'il avait bassement servi. La Constitution se retourna contre son auteur.

Nous sommes loin d'une situation semblable ; les mœurs

* Cité par M. Duvergier de Hauranne : *Hist. du Gouvernement parlementaire*, t. I, p. 552.

politiques se sont adoucies, l'expérience nous a instruits ; mais il est toujours dangereux de donner à un corps qui n'est pas nommé par le peuple un pouvoir constituant, qui peut servir ou contre la Constitution ou contre le prince. Un peuple a droit de compter qu'on ne touchera pas à ses libertés sans son aveu. L'article 14 de la Charte de 1814 a pesé sur toute la Restauration et a abouti aux ordonnances de 1830. Le pouvoir attribué au Sénat peut devenir un jour aussi menaçant que l'article 14 ; il est bon de signaler ce point noir à l'horizon, quoique personne aujourd'hui ne s'en inquiète. Le signaler, c'est peut-être le moyen d'en prévenir le danger. (1865.)

XV

DE L'INITIATIVE.

J'abandonne ces réflexions au lecteur, et lui laisse le soin d'en tirer la conclusion; j'ai voulu seulement lui montrer qu'il y a dans la politique française des traditions dont la sagesse est douteuse; un peu de critique servirait à la fois la science et le pays. De ces erreurs qui ne profitent à personne, je citerai un second exemple qui nous touche de près.

Dans son article 30, la Constitution déclare que : *Le Sénat peut, dans un rapport adressé au président de la République, poser les bases d'un projet de loi d'un grand intérêt national;* en d'autres termes, la Constitution reconnaît au Sénat un certain droit d'initiative; mais cette initiative, elle la refuse à la Chambre des députés et, sur ce point, le préambule s'exprime même avec quelque amertume :

« Le Corps législatif discute librement la loi, l'adopte ou la repousse; mais il n'y introduit pas à l'improviste de ces amendements qui dérangent souvent toute l'économie d'un système et l'ensemble d'un projet primitif. *A plus forte raison n'a-t-il pas cette initiative parlementaire qui était la source de si graves abus, et qui permettait à chaque député de se substituer à tout propos au gouvernement, en présentant les projets les moins étudiés, les moins approfondis*[1]. »

C'est une chose curieuse que la différence d'idées qui peut exister entre deux pays voisins. En France, on veut nous faire considérer la proposition de la loi ou l'initiative, comme une part de la souveraineté; en Angleterre, on est d'un avis contraire; on laisse l'initiative au pays, on ne réserve au chef de l'État que la sanction. Loin de s'effrayer de ce partage, on croit que la royauté y gagne en autorité et en dignité.

Il n'est pas moins singulier de voir comment, en France, nous tournons sur nous-mêmes, au lieu d'avancer dans la science et la pratique de la liberté. Dans les premières années de la Restauration, époque qui a beaucoup plus de ressemblance avec la nôtre qu'on ne l'imagine, on

1. La Constitution de 1870, article 12, disait : « L'initiative des lois appartient à l'empereur, au Sénat et au Corps législatif. » On était revenu aux vrais principes. (1871.)

voulait aussi faire un gouvernement qui ne ressemblât ni à l'Angleterre, ni aux gouvernements libres du continent. On cherchait à constituer une royauté indépendante et souveraine, avec des Chambres qui n'avaient d'autre droit que de donner des conseils qu'on ne suivait pas. Alors aussi on refusait aux Chambres l'initiative et le droit d'amendement. « *Proposer la loi, c'est régner,* » s'écriait M. de Serre, qui cependant avait l'âme libérale. « Si le roi, continuait-il, perd la proposition de la loi, du rang d'autorité première et souveraine, il descend au rang d'autorité subalterne. En Angleterre, il est vrai, l'initiative appartient à la Chambre des communes, *mais la France n'est point l'Angleterre, et l'Angleterre n'est point une monarchie*... En France, la royauté ne doit point être inerte, immobile, mais agissante[1]. »

A ces arguments, qui ne sont que de vieux préjugés, mais qui, à ce titre, dureront aussi longtemps que notre ignorance, Fiévée répondait avec toute la verve d'un impitoyable bon sens :

« *Proposer, c'est régner?* De toutes les folies qu'on peut proposer à la tribune, il n'en est pas de plus complète que celle-ci. *Proposer* n'est rien, c'est *rejeter* qui

1. Duvergier de Hauranne, *Hist. du Gouv. parlem.*, t. III, p. 414.

est tout. Dans le rejet se trouve un acte incontestable de souveraineté : aussi la Constitution reconnaît-elle que les trois pouvoirs de la société ont le droit de *rejeter;* autrement ils ne seraient pas des pouvoirs. Le Roi, la Chambre des pairs, la Chambre des députés peuvent vouloir, mais ne peuvent se contraindre mutuellement; le rejet d'une proposition, fait par un des pouvoirs de la société, ne contraint pas les autres pouvoirs et prouve l'indépendance réciproque de tous. Une proposition n'engage à rien; aussi peut-elle être faite sans danger dans les Chambres... Tant que le Roi ne fait pas porter formellement et législativement par ses ministres les propositions faites à la tribune, ces propositions ne peuvent devenir des lois; et c'est ce qui prouve surtout que *proposer* n'est rien. Mais *rejeter* est tout. Nous le saurons peut-être quelque jour; et alors finiront toutes les discussions sur ou contre le droit d'amender; droit... dont la proscription perdrait le pouvoir royal, puisqu'il ne lui resterait que la terrible ressource de casser la Chambre, dès qu'il y aurait division entre un projet du ministère et les améliorations demandées par l'opinion publique et la majorité des députés. L'idée d'amener la Chambre à présenter de très-humbles suppliques toutes les fois qu'un ministère éluderait de comprendre la discussion ne serait juste que si la Constitution ne donnait pas à tous les pouvoirs le droit de rejeter. On ne peut être à la fois *pouvoir* et *suppliant;* cela implique contradiction, et jusqu'à ce qu'il soit décidé que les Chambres ne sont que des *conseils,* il est impossible de nier qu'elles ne soient des *pouvoirs* [1]. »

1. *Hist. de la Session de* 1817, p. 77.

L'opinion de Fiévée était aussi celle de M. de Chateaubriand et de Benjamin Constant. Tous deux, en outre, remarquaient judicieusement qu'apporter à la Chambre, au nom du roi, un projet de loi qui nécessairement sera critiqué, amendé, et qui peut-être sera rejeté, c'est au fond soumettre le gouvernement à la Chambre, et montrer au pays que les députés sont plus éclairés, plus sages et plus habiles que le prince et ses ministres.

La monarchie de 1814 avait peu de goût pour l'initiative des Chambres, on craignait aussi *cette manie de faire des lois*, qui, disait-on, *avait perdu la France sous l'Assemblée constituante;* c'était le roi seul, qui, constitutionnellement parlant, avait toutes les lumières et toute la sagesse du pays, et par une conséquence forcée, chaque fois que les députés se permettaient de critiquer un projet de loi, on les accablait au nom du prince, et on criait à la sédition.

M. de Chateaubriand signalait, avec une mordante ironie, le vice d'un système qui fait de la personne royale le bouclier de toutes les erreurs et de toutes les passions ministérielles. Avec autant de force que de bon sens, il montrait que cette façon d'agir compromettait le roi et gênait la liberté.

« On a cru fortifier la prérogative royale en lui attribuant exclusivement l'initiative ; on l'a au contraire affaiblie.

« La forme ici n'a pas moins d'inconvénient que le fond; les ministres apportent aux Chambres leur projet de loi dans une ordonnance royale. Cette ordonnance commence par la formule : *Louis par la grâce de Dieu*, etc. Ainsi les ministres font dire au roi qu'il a médité dans sa sagesse leur projet de loi, qu'il l'envoie aux Chambres dans sa puissance; puis surviennent des amendements qui sont admis par la couronne; et la sagesse et la puissance du roi reçoivent un démenti formel. Il faut une seconde ordonnance pour déclarer encore, par la grâce de Dieu, la sagesse et la puissance du roi, que le roi (c'est-à-dire le ministère) s'est trompé [1]. »

M. de Chateaubriand rencontrait l'objection ordinaire : Les assemblées délibérantes, disait-on, ont fait tant de mal à la France, qu'on ne saurait trop se prémunir contre elles. Il répondait, et avec raison :

« Mais alors pourquoi une Charte, pourquoi une Constitution libre? Pourquoi n'avoir pas pris les choses telles qu'elles étaient, un Sénat passif, un Corps législatif

1. *De la Monarchie selon la Charte*, chap. VI, Paris, 1816.

muet? Et voilà comment, par une inconséquence funeste, on veut et l'on ne veut pas ce que l'on a [1]. »

Et il réclamait résolûment pour les Chambres l'initiative, *qui est de la nature du gouvernement représentatif*, et le droit d'amendement.

« Le bon sens, disait-il, veut que les Chambres, admises à la confection des lois, aient le droit de proposer dans ces lois tous les changements qui leur semblent utiles. Vouloir fixer des bornes au droit d'amendement, trouver le point mathématique où l'amendement finit, où la proposition de loi commence, savoir exactement quand cet amendement empiète, quand il n'empiète pas sur la prérogative : c'est se perdre dans une métaphysique politique sans rivage et sans fond.

« Permettez l'initiative aux Chambres... toutes ces questions oiseuses tomberont. Au lieu de crier à tout propos à la violation de la Charte, à la violation de la prérogative royale; au lieu de rejeter un amendement, non parce qu'il est mauvais en lui-même, mais parce qu'il contrarie une théorie, on sera obligé de combattre son adversaire par des raisons prises dans la nature même de la loi proposée. On ne s'accusera plus mutuellement, les uns de rappeler les principes démocratiques, les autres de prêcher l'obéissance passive : les esprits deviendront plus justes, les cœurs plus unis; il y aura moins de temps perdu [2]. »

Benjamin Constant, l'homme de France qui a

1. *De la Monarchie selon la Charte*, chap. VII.
2. *Ibid.*, chap. VIII.

le mieux compris les conditions du régime constitutionnel, a toujours défendu l'initiative des Chambres[1], et réservé le *veto absolu* au chef de l'État. Ce sont là les vrais principes; un long usage les a établis en Angleterre, et ici la raison confirme l'expérience. Quand les députés proposent la loi, ce sont eux qui se soumettent au gouvernement, et qui lui demandent ses conseils et son appui. Le pouvoir n'est plus un assiégé qui se défend contre les attaques redoublées de ses adversaires, et qui sauve à grand'peine un lambeau du projet primitif : c'est un critique, c'est un juge; toute l'autorité est de son côté.

Sans doute l'initiative des chambres serait une mauvaise mesure si, à chaque instant, le premier député venu avait droit d'apporter ses rêves à la tribune, et de jeter dans la proposition des idées qui ne sont pas mûres, des discussions moins faites pour aboutir à une loi que pour enflammer les passions; mais il est aisé de parer à cet inconvénient, en ne laissant venir au grand jour de la publicité que des projets acceptés par les bureaux. Les usages du Parlement anglais ont sagement réglé toute cette procédure, et à vrai

1. *Cours de Politique constitutionnelle*, t. I, p. 214 et 301. Paris, 186[illegible].

dire, en Angleterre, c'est le ministère et la majorité réunis qui seuls font les lois. Mais jamais le ministre ne se montre ailleurs que dans la discussion ; il se garde bien d'abdiquer ce rôle d'arbitre qui fait sa force. S'il combat un article qui lui déplaît, c'est au nom du pays, tout autant qu'au nom du pouvoir ; et si la loi est mauvaise, il peut être le premier à l'abandonner, sans que cet abandon soit pour lui une défaite. L'amour-propre d'auteur n'est pas engagé dans la question. Voilà comment à Londres on est souvent frappé de ce phénomène inconnu en France : un ministre maître de l'opinion, et plus populaire que la Chambre. On voit qu'en Angleterre il s'en faut de beaucoup qu'on regarde l'initiative comme une prérogative nécessaire du gouvernement.

Mais, si utile que soit au pouvoir cette liberté d'allure et cette popularité, ce n'est là que le petit côté de la question. L'immense avantage de l'initiative laissée aux chambres, c'est que la nation elle-même fait ses lois. Le législateur du peuple anglais, ce n'est pas le parlement, c'est le peuple anglais. Il y a là un élément de force et de progrès qui est une des plus grandes découvertes des temps modernes ; il est fâcheux que nous n'en ayons pas la moindre idée.

En France, où nous n'avons ni l'habitude ni le goût de la vie publique, nous nous croyons prudents et habiles quand nous chargeons le gouvernement de préparer les lois en secret, et sans y mêler l'opinion. On nous a tous élevés avec Télémaque; l'idéal du législateur, chez nous, c'est Mentor. Réunir en conseil d'État ou en commission un certain nombre de jurisconsultes et de fonctionnaires, leur confier la pensée du gouvernement, puis leur faire élaborer et discuter à huis clos un projet de lois qui prendra la Chambre et l'opinion au dépourvu, voilà toute notre science politique et législative. N'est-ce pas ainsi qu'on en agissait sous l'antique monarchie? N'est-ce pas de cette façon qu'ont été faites les grandes Ordonnances de Louis XIV? N'est-ce pas de cette manière qu'a été préparé le Code civil? Peut-on imaginer une forme plus nationale, peut-on mettre plus de sagesse dans ce premier travail du législateur?

Raisonner ainsi, c'est oublier que depuis soixante-dix ans le monde a marché, et que la France en particulier est une démocratie, fille de la Révolution. Dans une démocratie, les lois, comme le reste, doivent être l'expression de la volonté nationale; comment connaître cette volonté, si on ne la consulte pas? Un conseil d'État peut être plus sage et plus habile que le gros de la nation; mais les meilleures lois pour un peuple ne sont pas chose absolue; ce sont celles qui, dans les limites de la raison, répondent le mieux à ses besoins et à ses désirs. C'est pourquoi, sur l'objet même de la loi, l'opinion en sait plus long que le conseil d'État.

N'est-il pas étrange que ce soit l'aristocratique Angleterre qui la première ait senti cette vérité? Là-bas, c'est le peuple entier qu'on appelle à faire les lois de la façon la plus simple et la plus large. Le gouvernement ne paraît qu'au dernier moment pour donner sa sanction. C'est le contre-pied des idées françaises, et cependant c'est un système éminemment démocratique. C'est là une contradiction qui n'est que trop fréquente dans nos institutions.

Voyons comment la loi se fait chez nos voisins, par le travail lent et régulier de l'opinion.

Des économistes, des publicistes ont soulevé une question grave : la suppression de droit sur les céréales, l'émancipation des catholiques, etc. On laisse chacun écrire et parler en toute liberté. L'initiative individuelle et la publicité, telle est la première phase du travail législatif; les journaux, voilà le conseil d'État chez nos voisins ; ce n'est pas dire que les lois y sont moins bien discutées.

Si la question agitée, si la solution donnée n'intéressent pas le public, le silence se fait, c'est une mauvaise loi d'évitée; si, au contraire, l'opinion s'échauffe et s'électrise, on se réunit, on s'entend, on adresse au parlement des pétitions couvertes de nombreuses signatures. Des pétitions, voici la seconde phase législative. Jusque-là le gouvernement ne s'inquiète de rien. L'heure d'agir n'est pas encore venue pour lui.

Les pétitions sont reçues par les deux Chambres du parlement. Être en communication constante et directe avec le peuple, est regardé en Angleterre comme une prérogative essentielle des représentants du pays. C'est encore un point où nous trouvons chez nos aristocratiques voisins certains usages démocratiques que nous n'avons plus [1]. Ces pétitions sont examinées avec soin par des commissions, elles sont classées, imprimées

1. Aujourd'hui les pétitions arrivent à l'Assemblée. Mais c'est un droit mal réglé. Les Anglais devraient nous servir d'exemple en ce point. Voyez, dans mon livre intitulé l'*État et ses limites*, ce que j'ai écrit sur le droit de pétition. (1871.)

en volumes, et sous cette forme nouvelle retournent devant la nation.

Si, à la session suivante, le nombre des pétitions augmente, le Parlement ordonne une enquête. L'enquête est la troisième phase législative. L'enquête anglaise ne ressemble en rien à la nôtre; elle est publique, on y entend tout le monde, on ne sait pas d'avance quelle réponse y sera faite. Devant la commission d'enquête chacun peut se présenter; le moindre citoyen peut apporter son idée au législateur, il est sûr d'être écouté avec patience et intérêt. Cette idée sera enregistrée, discutée et imprimée dans ces gros livres bleus qui sont, pour ainsi dire, le procès-verbal des séances tenues par la nation tout entière. Il est difficile de montrer plus de respect pour le peuple souverain.

L'enquête achevée, un certain nombre de membres de la Chambre s'entendent avec les ministres et avec leur parti pour faire une proposition à l'assemblée. Cette proposition donne lieu à une discussion générale, où le principe de la loi est examiné. Si cette discussion est favorable, le projet est renvoyé à une commission qui prépare la loi. Votée par la Chambre des communes, la loi est portée devant la Chambre des lords : elle y est discutée une seconde fois; puis enfin, si elle sort de cette épreuve, elle est présentée au chef de l'État et sanctionnée par lui.

Certes, quand on suit cette longue filière, quand on voit comment le vague désir de l'opinion est obligé de se consolider et de prendre corps avant d'être accepté par le Parlement; quand on voit ensuite avec quel soin le Parlement écoute le pays et lui donne satisfaction, il est difficile de ne pas rendre justice à la libéralité et à la sagesse des institutions anglaises. Mais ce qui me frappe le plus, c'est leur esprit populaire vraiment démocratique; c'est la façon dont le peuple lui-même est appelé à se donner des lois.

On s'étonne quelquefois de l'attachement des Anglais pour leurs intitutions; on nous reproche de n'avoir pas leur patriotisme. La faute en est-elle à notre légèreté nationale? Notre indifférence n'a-t-elle pas une autre excuse? N'est-ce pas que la plupart du temps nos institutions nous sont étrangères et que nous n'y avons d'autre part que l'obéissance? Chez nous, le paysan tient à son champ presque autant qu'à la vie; pourquoi? C'est que ce champ est à lui; c'est sa propriété, c'est l'œuvre de ses mains. C'est de la même façon que l'Anglais aime la liberté; c'est sa chose, il n'y a pas de jour qu'il n'y travaille. Avec plus de raison que Louis XIV, le peuple anglais peut dire : *L'État, c'est moi*.

En France, où rien ne dure que les préjugés, on s'imagine que l'Angleterre est restée un pays gothique, avec des coutumes immuables et des usages aussi ridicules que la perruque du chancelier. On sera peut-être étonné d'apprendre que, depuis un demi-siècle, aucun peuple n'a fait plus de réformes législatives que le peuple anglais. Le droit pénal adouci et codifié, les délits de la presse définis, la propriété constituée sur le principe de la publicité, le mariage et le divorce réglés, la justice mise à la portée des plaideurs, la police organisée, les catholiques émancipés, la liberté commerciale et maritime établie, l'éducation popularisée, voilà quelques-unes des réformes qui se sont faites en Angleterre, sans agitation des rues, par le seul effort de l'opinion. Encore quelques mesures inspirées du même esprit, et nous serons étonnés d'apprendre quelque jour que le pays où les lois sont à la fois les plus libérales et les plus égales est celui qui s'en vante le moins.

Comment en serait-il autrement? Quel est le

principe de la politique anglaise? Entière liberté dans la vie privée, initiative des citoyens, et publicité dans la vie publique. Avec de pareils instruments, où n'atteindrait-on pas? Quel est le principe de la politique française? La tutelle de l'administration dans la vie privée, la direction d'en haut, la crainte de l'opinion, et le secret dans la vie publique. Malgré tant de révolutions, nous traînons au pied le boulet de la vieille monarchie. Qu'après cela nous soyons fiers d'être le peuple le plus démocratique de la terre, la seule nation où règne l'égalité, c'est une innocente superstition que nos voisins peuvent nous laisser. Nous courons après l'ombre, ils ont la proie.

XVI

DE LA JUSTICE EN FRANCE ET DE L'ÉGALITÉ DEVANT LA LOI.

Un des plus fermes remparts de la liberté, c'est une justice impartiale, une magistrature indépendante et souveraine. En France, depuis la Restauration, nous en possédons les éléments principaux.

Au criminel, nous avons le jury. Longtemps attaqué, longtemps contesté, le jury est enfin entré dans nos mœurs; c'est une bonne juridiction. Ce sont des citoyens qui décident de la vie, de la liberté et de l'honneur des citoyens; on ne peut demander une meilleure garantie. Il serait même à désirer qu'on étendît la compétence du jury à un certain nombre d'affaires aujourd'hui réservées à la police correctionnelle. La première maxime d'un pays libre, c'est que la nation seule peut porter la main sur le citoyen. Cette maxime, reçue en Angleterre et en Amérique, régnait jadis dans les républiques d'Athènes et de Rome. La forme du jury moderne est sortie des forêts de la Germanie, comme le dit Montesquieu; mais le jury lui-même est fils de la liberté, on le trouve partout auprès d'elle.

Si j'approuve l'institution du jury, je n'approuve pas notre procédure criminelle; j'ai dit plus haut mon sentiment à cet égard. Notre droit criminel est composé de deux parties incohérentes; l'instruction et la juridiction ne sont pas de même date, elles sont imprégnées chacune d'un esprit différent. Il y a là une réforme à faire dans le sens de la liberté. Je crois aussi que le jury lui-même a besoin de quelques améliorations; le chiffre de la majorité est discutable, et nous pourrions emprunter aux Anglais la loi qui confie la liste du jury aux soins d'un magistrat indépendant du pouvoir[1]. Ce sont là des questions de détail; nous avons le principe, qui est excellent.

Au civil, notre magistrature jouit de la considération universelle. Nos recueils d'arrêts sont

1. Cette réforme est faite aujourd'hui. (1871.)

consultés et cités à l'étranger; personne ne les étudiera sans en remporter une haute idée de la justice française. Quant à l'intégrité de nos magistrats, chacun lui rend justice. L'honneur est un héritage qu'ils ont reçu de l'ancien Parlement et qu'ils ont religieusement conservé.

Est-ce à dire qu'il n'y ait aucune réforme à faire dans notre système judiciaire? Non, sans doute. Une institution empruntée à l'ancienne France, et qui a duré cinquante ans au milieu d'une société renouvelée par l'industrie, la richesse et la liberté, peut se trouver insuffisante sans que la faute en soit aux hommes qu'elle emploie. C'est ainsi qu'on a réclamé la simplification des procédures, la réduction du chiffre et des causes d'appel, l'établissement d'un juge unique pour la mendicité, le vagabondage et les petits délits, le renvoi au jury des affaires correctionnelles, et même des questions d'État et des séparations. Toutes ces mesures méritent d'être examinées; il est bon qu'on éclaire l'opinion à ce sujet; mais ce sont des réformes qui sont surtout judiciaires, quoique indirectement elles intéressent la liberté.

Dans l'organisation de la magistrature, il n'y a qu'un point qui ait un véritable intérêt politique:

c'est la complète inamovibilité du juge. Le sujet est délicat; j'essayerai cependant d'y toucher, sans manquer ni aux convenances ni à la vérité.

Nos anciens parlements ont laissé après eux un renom d'honneur et de vertu. La compétence de ces grands corps judiciaires n'a jamais été bien définie; leur résistance a été plus d'une fois injuste et même factieuse, leurs arrêts parfois cruels; cependant il n'est pas douteux pour l'historien que l'influence des parlements n'ait été bonne pour la France. S'il est une institution qui ait empêché la vieille monarchie de dégénérer en despotisme oriental, c'est celle-là. La postérité ne se trompe pas dans le respect qu'elle porte aux parlements.

Dans une société où l'honneur consistait à se plier aux caprices du maître, comment se fait-il que le parlement seul ait gardé son indépendance et sa vertu? C'est qu'il n'avait rien à craindre ni à espérer de la royauté. Une mauvaise mesure, la vénalité, avait eu cet excellent résultat de mettre la justice hors des mains du pouvoir. Un président, un conseiller au parlement de Paris n'allait jamais à Versailles pour y saluer le grand roi. Quand les traditions et les usages de la profession ne lui auraient pas interdit de se présenter à la cour, qu'aurait-il été faire à l'Œil-de-Bœuf? Louis XIV, dans toute sa puissance, ne pouvait ni avancer ni destituer un magistrat.

Cette indépendance absolue, les Anglais l'ont conservée. Le juge garde sa place *during good behaviour* [1], expression technique que certains journaux français s'entêtent à ne pas comprendre, et qui signifie que le juge anglais, de même que nos magistrats, ne peut être destitué que pour forfaiture, et après jugement. Jusque-là les deux institutions se ressemblent. Mais la magistrature anglaise diffère de la nôtre et ressemble à celle de nos pères, en ce que le juge, une fois nommé, n'avance plus. Que le magistrat n'ait rien à redouter du pouvoir, c'est une grande garantie, mais les Anglais ne l'ont pas trouvée suffisante : ils veulent en outre que le magistrat n'en puisse rien espérer. « *Dès qu'il y a possibilité d'avancement,* disait Benjamin Constant, *l'inamovibilité est illusoire* [2] » C'est évidemment d'Angleterre qu'il avait rapporté cet adage qui n'a pas fait fortune en France. Les mœurs anglaises placent le juge dans une sphère supérieure; ni la crainte ni l'espoir, ces deux aiguillons de toute la vie hu-

1. Littéralement : *Tant qu'il se conduit bien.*
2. *Commentaire sur Filangieri*, IIIe partie, chap. I.

maine, ne peuvent atteindre jusqu'à lui. Une fois assis sur son siége, il sait qu'il y mourra; c'est un prêtre de la justice, étranger, lui aussi, à la politique, et ne recevant de loi que de la divinité à laquelle il est consacré.

Cet isolement complet, cette espèce de sacerdoce, est ce qui donne au juge anglais un si grand caractère; c'est aussi ce qui explique la vénération dont il est entouré. Ce n'est pas un fonctionnaire public dans le sens ordinaire du mot; son pouvoir a une racine plus profonde. Entre le peuple et le gouvernement, il représente une force à part, la justice, devant laquelle peuple et gouvernement doivent s'incliner.

On voit quelle est la différence des deux systèmes et comment le juge anglais ressemble à nos anciens conseillers du parlement. Mais peut-être ne sent-on pas quelle est l'importance politique de cette indépendance absolue, et, si je puis le dire, de cette souveraineté du magistrat. C'est ce que j'essayerai d'expliquer.

Depuis Montesquieu, c'est un axiome vulgaire qu'en tout gouvernement il y a trois pouvoirs: l'exécutif, le législatif et le judiciaire, et que ces trois pouvoirs doivent être distincts et séparés. Toutes nos constitutions admettent ce principe;

mais la plupart semblent n'avoir entendu par là qu'une chose, c'est que ni le pouvoir exécutif ni le corps législatif ne peuvent exercer de fonctions judiciaires ; c'est le petit côté de la question.

Le problème à résoudre est d'assurer à la magistrature une indépendance suprême. Organe de la loi, le juge ne doit s'inquiéter que de la loi, quelles qu'en soient les conséquences. Nulle influence politique ne doit entrer dans le sanctuaire. La justice ne relève que d'elle-même ; elle n'est pas une indépendance mais une part de la souveraineté.

Imbue des idées de Montesquieu, mais aveuglée par sa haine des parlements, l'Assemblée constituante crut assurer la parfaite liberté du pouvoir judiciaire en décidant que la justice serait rendue par des juges élus à temps par le peuple[1]. C'était un mauvais système. Pour échapper à l'influence royale on versait du côté opposé ; on faisait du juge un serviteur du peuple et de l'opinion. En outre, on oubliait que dans une société telle que la nôtre, juger est un état qui demande de longues études et une expérience de toute la vie. On ne pouvait guère avoir pour juges

1, Constitution de 1791, chap. v, art. 2.

temporaires que des avocats sans cause qui prenaient la magistrature comme un pis-aller. La réforme de l'Assemblée constituante échoua complétement.

Il est remarquable qu'en Amérique, dans les nouveaux États de l'Ouest, on a fait aussi de la magistrature une fonction temporaire et élective, et que le résultat n'a pas été plus heureux. La raison en est simple : on ne corrige pas un excès par un autre. Mettre le juge dans la main du peuple, c'est le soustraire à l'action du gouvernement ; ce n'est pas le rendre indépendant.

En France, depuis la Constitution de l'an III, les juges de tous les degrés ont toujours été nommés par le pouvoir exécutif, et sans conditions. Une seule fois, dans un de ces moments critiques où, pour conquérir l'opinion, on prodigue les promesses libérales, on a voulu assurer tout ensemble les droits de l'autorité et la complète indépendance du juge. Dans la constitution française, décrétée par le Sénat conservateur le 6 avril 1814, constitution qui n'a jamais vécu, on lit ce qui suit :

Art. 18. — Les juges sont à vie et inamovibles.

Art. 19. — La Cour de cassation, les cours d'appel et les tribunaux de première instance proposent au roi trois candidats pour chaque place de juge vacante dans leur sein; le roi choisit l'un des trois. Le roi nomme les premiers présidents et le ministère public des cours et tribunaux.

Il est fâcheux que l'on n'ait pas essayé de ce système. Dans un pays où la justice est organisée de façon hiérarchique, il serait cruel d'interdire aux juges inférieurs tout espoir d'avancement. Cette inamovibilité absolue existait, il est vrai, dans l'ancienne monarchie; Pothier vivait et mourait simple conseiller au présidial d'Orléans; mais aujourd'hui nous avons pris d'autres habitudes, et le plus sage serait peut-être de contenir l'ambition du juge dans des bornes légitimes. Récompenser les services judiciaires, et ne rien donner à la faveur, tel était l'objet de la réforme que proposait le Sénat. N'y avait-il pas un danger? N'ouvrait-on pas une trop grande porte aux influences locales et au népotisme de certaines familles? Ne suffirait-il pas de laisser la Cour de cassation se recruter par elle-même et d'arrêter l'avancement ordinaire à la place de conseiller de Cour impériale? C'est ce que je n'oserais décider. Mais assurément il y a là un problème politique dont on sentira quelque jour la gravité, et il y faut une solution.

Parlons maintenant de l'égalité devant la loi. Je surprendrai plus d'un lecteur en lui disant qu'en France cette égalité n'est pas complète; il y a chez nous des priviléges qui n'existent point chez les Anglais. Peut-être ne sera-t-on pas moins étonné d'apprendre que la suppression de ces priviléges avait été faite ou promise par Napoléon en 1815; mais que par malheur les réformes et les promesses de l'*Acte additionnel* sont tombées avec l'Empire et ne se sont pas relevées avec lui.

La première de ces réformes portait que *les délits militaires seuls sont du ressort des tribunaux militaires. Tous les autres délits, même commis par des militaires, sont de la compétence des tribunaux civils*[1].

C'est Benjamin Constant qui avait introduit ces articles dans l'*Acte additionnel*[2], et par deux raisons:

La première, c'est que chez un peuple libre l'égalité devant la loi est un principe absolu. La révolution a supprimé la juridiction privilégiée du clergé et de la noblesse; pourquoi conserver

1. Des Tribunaux militaires. *Cours de pol. const.* (édit. 1861), t. I, p. 342.

2. Acte additionnel du 22 avril 1815, art. 54.

celle de l'armée pour les délits communs? N'est-il pas étrange que pour un soldat qui assassine ou qui vole un particulier, il y ait un tribunal différent de celui où l'on juge le particulier qui assassine ou qui vole un soldat? Il est possible qu'un conseil de guerre soit plus sévère que le jury, il est possible aussi qu'il le soit moins; dans le premier cas, c'est le prévenu qui a le droit de se plaindre; dans le second, c'est la victime. Pour un même crime la justice doit être égale pour tous; cette égalité n'est possible que si les juges et les formes sont les mêmes pour tous les accusés.

La seconde raison qui avait décidé Benjamin Constant, c'est l'abus qu'on avait fait des juridictions militaires sous la Révolution et sous l'Empire. Benjamin Constant savait par expérience que le danger des justices d'exception n'est pas seulement dans le privilége, il est aussi dans l'extension qu'en certaines occasions il est trop aisé de donner à ces tribunaux. Si un conseil de guerre est compétent pour juger un soldat, dont le crime ou le délit ne touche en rien à la discipline, pourquoi ne jugerait-il pas des insurgés, des conspirateurs, et même des gens qui par leurs paroles et leurs écrits ont poussé, dit-on, à la sédition? Le pas est glissant. De proche en proche on en est arrivé à faire juger militairement des bourgeois, des ouvriers, des écrivains. Toutes les garanties judiciaires ont disparu devant les craintes du gouvernement.

Aujourd'hui ces terreurs sont loin de nous; mais quoi! les cours prévôtales ont paru au lendemain de l'*Acte additionnel*, et il ne faut pas remonter loin dans notre histoire pour y trouver des commissions militaires jugeant et condamnant des citoyens. Ce sont là des souvenirs qu'il ne faut pas oublier. Plus sages que nous, les Anglais ont fait disparaître de leurs institutions tous ces tribunaux privilégiés[1]. Pour le délit commun, le soldat est soumis à la justice commune; la loi anglaise ne connaît que des citoyens.

C'est de cette façon, il ne faut pas s'y tromper, que, dans leur armée, les Anglais ont fait triompher l'esprit civil sur l'esprit militaire. Un corps qui a une juridiction privilégiée pour les

1. Il n'y a de juridiction privilégiée que pour les pairs; mais ce privilége, qui a pour objet de maintenir la parfaite indépendance du législateur, a été établi dans l'intérêt du pays, et non dans celui de l'accusé.

délits communs se regardera toujours comme une classe à part et une espèce de noblesse ; c'est la soumission à la loi commune, c'est l'égalité devant la justice qui empêche l'officier anglais de se croire d'un autre ordre que le bourgeois et le plébéien.

Enfin c'est ainsi que les Anglais ont résolu un problème qu'ailleurs on déclare insoluble ; ils ont une armée permanente de plus de cent mille hommes, et cette armée n'inquiète personne, elle n'est ni un danger ni une menace pour la liberté. On est sûr que l'officier respectera la loi, ou que la justice punira l'officier. — L'obéissance passive, nous dit-on, est la première condition du service militaire. — Sans doute ; il faut que le soldat obéisse à l'officier, Mais à l'intérieur, en temps de paix, à qui l'officier doit-il obéir ? A son chef ou à la loi ? Nous en sommes restés à la première solution, les Anglais ont choisi la seconde. Quand le simple citoyen doit connaître la loi, de quel droit l'officier l'ignorerait-il, et ferait-il de son ignorance même l'excuse de son ambition et la justification de son crime ? Avec notre système, qu'on ne discute même pas, nous avons eu trois révolutions militaires en un demi-siècle : 18 brumaire, 20 mars 1815, 2 décembre 1851 ; avec le même régime, l'Espagne change de dictature tous les trois ou quatre ans. En Angleterre l'armée n'est point une puissance politique, on n'y craint pas les coups d'État. La responsabilité civile maintient dans l'obéissance les fonctionnaires militaires aussi bien que les fonctionnaires civils. Toutes les têtes se courbent devant la loi. Le soldat anglais est-il moins docile que le nôtre? L'armée anglaise est-elle moins brave? L'officier est-il moins courageux? L'ordre public est-il moins assuré en Angleterre qu'en France? Et dans lequel des deux pays règne donc l'égalité devant la loi?

La seconde réforme promise par l'*Acte additionnel* était celle-ci :

Art. 50. — L'art. 75 du titre VIII de l'acte constitutionnel du 22 frimaire an VIII, portant que les agents du gouvernement ne peuvent être poursuivis qu'en vertu d'une décision du Conseil d'État, sera modifié par une loi.

C'est encore Benjamin Constant qui avait fait insérer cette disposition; et il s'en exprimait, avec chaleur, dans ses *Principes de politique*, publiés en mai 1815; livre d'autant plus curieux, qu'il est le commentaire de l'*Acte additionnel*, qu'il est écrit par un conseiller d'État du nouvel Empire, et qu'il est profondément libéral.

« Jusqu'à présent, disait-il [1], nos constitutions contenaient un article destructif de la responsabilité des agents, et la Charte royale de Louis XVIII l'avait soigneusement conservé. D'après cet article, l'on ne pouvait poursuivre la réparation d'aucun délit commis par le dépositaire le plus subalterne de la puissance, sans le consentement formel de l'autorité. Un citoyen était-il maltraité, calomnié, lésé d'une manière quelconque par le maire de son village, la Constitution se plaçait entre lui et l'agresseur. Il y avait ainsi, dans cette seule classe de fonctionnaires, quarante-quatre mille inviolables au moins, et peut-être deux cent mille dans les autres degrés de la hiérarchie. Ces inviolables pouvaient tout faire sans qu'aucun tribunal pût instruire contre eux tant que l'autorité supérieure gardait le silence. L'acte constitutionnel que nous possédons a fait disparaître cette disposition monstrueuse : le même gouvernement qui a consacré la liberté de la presse que les ministres de Louis XVIII avaient essayé de nous ravir, le même gouvernement qui a formellement renoncé à la faculté d'exiler que les ministres de Louis XVIII avaient réclamée, ce même gouvernement a rendu aux citoyens leur action légitime contre tous les agents du pouvoir. »

Dans son zèle de néophyte, Benjamin Constant allait trop loin : la réforme n'était pas faite ; Napoléon n'en n'avait donné que l'espérance. C'était quelque chose, car cette espérance, perdue en 1815, on ne nous l'a jamais rendue [2]. Nous avons

1. *Cours de pol. const.*, t. I, p. 96.

2. Aujourd'hui cet article est aboli. (1871.)

eu des révolutions et des gouvernements de toute sorte; mais si les partis se sont disputés le pouvoir, c'est pour le garder tout entier, même avec ses abus. Au milieu des débris de l'Empire, de la République, de la monarchie constitutionnelle, l'article 75 de la Constitution de l'an VIII est là debout, comme un donjon féodal au milieu des ruines; ce rempart de l'arbitraire a soutenu dix assauts sans être entamé. Nul vainqueur n'est entré dans la place sans la fortifier aussitôt pour son propre compte; le triomphe des partis en France a toujours été le triomphe de l'administration.

Cependant, si quelque jour nous tenons à être libres, il faudra finir par comprendre que la liberté est le règne de la loi. La loi ne règne pas si le pouvoir et ses agents peuvent lui désobéir impunément, et si l'exemple du mépris est donné par ceux qui doivent l'exemple du respect. Ce n'est pas ainsi que les choses se passent en Angleterre et en Amérique. Là, c'est la loi qui est souveraine; il n'y a tête si haute qui ne soit obligée de plier devant elle. Quand un officier public viole la loi, que ce soit de son chef ou en vertu d'un ordre supérieur, il n'importe, le citoyen qui se croit lésé n'a pas besoin d'implorer de l'administration la permission de poursuivre un de ses agents ; il va droit à la justice et demande réparation du tort qu'il a souffert. Si l'officier public ne peut justifier par une loi la mesure qu'il a prise, il est condamné à une réparation civile, et tout est dit.

— Cela est bon pour l'Angleterre, dira-t-on, mais introduire en France cette suprématie des tribunaux, c'est renverser l'œuvre admirable de notre grande Assemblée constituante, c'est détruire cette distinction de l'administration et de la justice qui est une de nos gloires ; c'est en revenir aux entreprises des parlements.

Je crois qu'on exagère singulièrement les idées des constituants de 1791. Ces amis de la liberté n'ont voulu qu'une chose, c'est que la justice ne se mêlât pas d'administration[1] ; en conclure que

1. Constitution de 1791, chap. V, art. 3. « Les tribunaux ne peuvent ni s'immiscer dans l'exercice du pouvoir législatif, ni suspendre l'exécution des lois, ni entreprendre sur les fonctions administratives, ni citer devant eux les administrateurs pour raison de leurs fonctions. » Tout ceci est dirigé contre les prétentions des parlements, et tout ceci existe en Angleterre : mais cela n'empêche nullement que le citoyen lésé ne puisse forcer l'officier public à respecter la loi en sa personne Il y a là deux ordres d'idées qui n'ont rien de commun. D'un côté, c'est la protection de la souveraineté, de l'autre, c'est la défense de l'individu.

l'administration doit dominer la justice et la loi elle-même, c'est tirer une conséquence que rien ne justifie.

Ce qui, en France, complique une question simple en elle-même, c'est que d'ordinaire, pour défendre l'administration, on confond à plaisir deux choses distinctes : le mauvais usage d'un pouvoir légal et la violation de la loi, l'erreur et l'arbitraire. En demandant que les fonctionnaires soient responsables, on n'exige pas que ces agents soient infaillibles; on prétend seulement que nul officier public ne doit avoir le privilége d'ignorer ou de violer la loi. Un préfet ou un maire prend un arrêté de police dont j'ai à souffrir comme propriétaire ou comme habitant, je puis me plaindre à l'autorité supérieure, mais non à la justice; car, bon ou mauvais, cet arrêté est légal. Mais un préfet fait arrêter sans mandat judiciaire un postillon qui a passé devant son équipage, un maire juge à propos de faire arracher les affiches qu'un candidat pose dans la commune, ou il menace de jeter en prison un distributeur de bulletins électoraux, parce que le nom inscrit sur ce bulletin n'a pas l'heur de lui plaire, qu'est-ce que cela, sinon de la violence, un fait que non-seulement la loi n'excuse point, mais qu'elle condamne? Si un particulier se rendait coupable d'un pareil délit, on le poursuivrait sans doute; en quoi un fonctionnaire qui agit en dehors des lois, ou, pour mieux dire, qui les viole, est-il plus respectable qu'un particulier? N'est-il pas plus coupable au contraire? N'est-ce pas l'autorité qui doit être la première à respecter la loi? Pourquoi donc en pareil cas la justice n'est-elle pas compétente, pourquoi faut-il demander à l'administration si ces excès sont ou non de son goût?

La grande raison qui maintient le privilége des fonctionnaires, c'est que l'administration en France est une hiérarchie toute-puissante, une armée civile où l'on veut aussi une obéissance passive. Il faut que l'ordre parti d'en haut arrive aux extrémités avec la rapidité de la foudre; l'officier public doit agir et non raisonner. Le rendre responsable, dit-on, c'est affaiblir chaque anneau de cette chaîne qui lie le pays tout entier; c'est énerver le pouvoir, et du même coup compromettre l'unité nationale, ce premier besoin des Français.

A ces raisons, qui pourraient bien n'être que des métaphores, on a répondu cent fois; ce qui ne les empêchera pas de reparaître à la première occasion. Il y a des phrases à effet qui ne vieillissent pas en France; elles flattent des préjugés qu'on cultive avec trop de soin pour qu'un jour suffise à les déraciner. Demander que personne ne se mette au-dessus des institutions, et que ceux qui sont chargés de défendre les lois ne commencent pas par les violer, ce n'est attaquer ni l'unité nationale, ni le pouvoir, ni l'administration, c'est attaquer l'arbitraire et lui arracher le masque sous lequel il cache son désordre et sa laideur. Que l'administration soit forte, rien de mieux, mais qu'est-ce qu'une force qui ne vient pas de la loi? Et comment exiger des citoyens une obéissance dévouée, si le commandement n'est pas légitime?

Craindrait-on que la menace d'un procès toujours imminent ne troublât le fonctionnaire et ne paralysât l'administration? Ce serait une frayeur vaine. En Angleterre et en Amérique, rien n'est plus rare qu'une poursuite civile contre un magistrat. Le grand avantage de la responsabilité, c'est de prévenir l'excès du pouvoir, bien plutôt que de le punir. Tout homme qui se sait responsable s'habitue à peser ses actions; c'est la loi qui devient la seule règle de sa conduite; c'est avec la loi seule qu'il apprend à compter. Ce sentiment le pousse en avant, quand il est soutenu par la loi, et l'arrête aussitôt qu'il ne se sent plus appuyé par elle. C'est ce qui explique comment tout Anglais est à la fois le plus roide et le plus obéissant des hommes; citoyens et magistrats n'ont qu'un seul souverain : la loi. C'est là qu'il nous faut arriver. Comme système de gouvernement, l'arbitraire a fait son temps. On sait aujourd'hui qu'il n'y a de fécond et de fort que la liberté. Mais il n'y a de liberté que par les lois, et la loi n'est qu'un mot, si une justice égale pour tous n'impose aux grands comme aux petits un même respect des institutions, une même responsabilité.

XVII

DE LA LIBERTÉ DE LA PRESSE.

De toutes les garanties politiques de la liberté, la plus énergique et la plus sûre, c'est la liberté de la presse et des journaux. La presse est le *forum* des peuples modernes. C'est le journal qui réunit chaque matin des millions d'hommes par les mêmes idées et les mêmes sentiments. Supprimer la presse, c'est du même coup supprimer la liberté.

En France, où le rôle de la presse est encore mal compris, cette assertion paraîtra excessive. Ce n'est cependant que la pure vérité. Il est aisé de s'en convaincre. Reprenons le long catalogue des libertés que nous avons dressé; nous verrons s'il en est une seule qui puisse se passer de la presse, sans être aussitôt affaiblie ou détruite.

Quelle est la garantie de la liberté individuelle quand les journaux sont muets? Supposons que l'administration, qui n'est pas infaillible, fasse arrêter un innocent, comme tombant sous le coup de la loi de sûreté générale, quel sera le recours de celui qui se croit victime d'une erreur? Les tribunaux n'ont pas le droit d'agir, nous n'avons pas une loi d'*habeas corpus;* le Sénat, auquel on peut remettre une pétition, n'est peut-être pas réuni; à qui s'adresser? Supposez, au contraire, une presse libre, soyez sûr que l'opinion prendra feu, et que la justice ou l'injustice de l'arrestation sera reconnue en deux jours.

Au criminel, qui ne sent l'importance de la presse? Quand un procès considérable est jugé aux assises, n'est-ce pas la France entière qui, grâce au compte rendu, prend place à l'audience, et en suit avec émotion tous les incidents? Quel appui pour celui qui défend son innocence! et quand le crime est prouvé, quelle force pour la justice! C'est alors que, suivant l'expression anglaise, le verdict du jury est vraiment le jugement du pays.

Dans les affaires civiles, le rôle de la presse n'est pas moins nécessaire. La première garantie de la justice, c'est la publicité. « Il ne suffit pas, a dit M. Royer-Collard, qu'il y ait des juges pour qu'il y ait des jugements; et l'arbitraire ne change pas de nature pour être couché dans une sentence. » Si le juge n'est pas impartial, si la passion politique ou religieuse le trouble, qui le fera rentrer dans le respect de la loi? S'il est dur ou violent, qui lui apprendra à se modérer? La presse seule a ce pouvoir et ce droit; elle est l'opinion, elle est la société elle-même surveillant la justice, parce que la justice, comme tout autre pouvoir de l'État, est faite pour les citoyens. En Angleterre, en Amérique, ce droit est incontesté; il n'y a pas un magistrat qui n'accepte les critiques des journaux et qui ne s'y résigne, quelle qu'en soit l'âpreté. En France, notre délicatesse se révolte. La critique la plus modérée est regardée comme un outrage. Il semble que la justice ait le privilége de l'infaillibilité. Y toucher est un sacrilége. C'est là un préjugé dont la liberté nous corrigera. Critiquer un arrêt, ce n'est point insulter à la justice, c'est défendre la souveraineté de la loi; et la loi est maîtresse des magistrats tout autant que des citoyens.

La presse, qui défend notre personne et nos droits, n'est pas une protection moins sûre pour notre activité. Si aujourd'hui le travail est libre en Angleterre, si l'industrie a été délivrée de gênes innombrables, si les priviléges et les prohibitions sont tombés, à qui le doit-on, sinon à la presse? Ne sont-ce pas les journaux qui ont fait abolir les lois sur les céréales, et qui ont emporté la liberté de commerce et de navigation? N'ont-ils pas assuré aussi la puissance et la popularité du gouvernement? Chose étrange! dans un pays où la presse n'est pas libre, le gouvernement ne l'est pas davantage; il est entouré, assiégé, trompé par des gens habiles et puissants; c'est le règne du monopole. Faire une réforme commerciale, sans avoir le moyen de mettre l'opinion avec soi, c'est une tentative des plus téméraires. Le journal, au contraire, est l'auxiliaire du pouvoir; il donne une voix aux intérêts qui souffrent; le moindre citoyen, s'il se croit sacrifié, peut se défendre et plaider sa cause devant la nation. Devant ce cri, répété et grossi par mille échos, l'égoïsme et l'intrigue sont sans force. Rien n'est plus aisé au gouvernement que de faire triompher l'intérêt général, en épousant la cause de la justice et de la liberté; c'est ainsi que toute réforme devient facile et populaire. L'industrie, qui trop souvent se plaint du bruit que fait la presse, lui doit sa force et sa sécurité.

On ne l'ignore pas chez nos voisins. Il n'y a pas un négociant anglais qui ne sache que le premier fondement de sa fortune, la première condition, et la plus sûre garantie de ses spéculations à long terme, c'est une presse libre et qui dit tout.

Aussi quel emploi ne fait-on pas des journaux en Angleterre. On n'en use pas seulement pour critiquer un ministre, on en use pour réunir à grands frais, et dans le monde entier, ces indications géographiques, ces renseignements statistiques qui révèlent au négociant anglais les besoins de l'Orient et de l'Occident. Ouvrez le *Times*, lisez les correspondances de la Chine, du Japon, de l'Inde et de l'Afrique, vous verrez qu'il n'y a pas de roi ni de prince qui ait une diplomatie mieux servie; le *Times* est le consul général du peuple anglais; il en sait souvent plus que les agents officiels.

La presse n'est pas une garantie moins nécessaire pour nos biens. Si le journal n'est pas là pour éclairer le pays et le gouvernement, qui peut empêcher d'établir un système d'impôt ruineux pour tout le monde? Comment prévenir des entreprises qui, du jour au lendemain, peuvent engager et compromettre la fortune du pays tout entier? N'est-ce pas une chose remarquable qu'il n'y a de crédit public que dans les États où il y a des journaux? le taux de la rente est d'ordinaire en proportion de la liberté de la presse. Qu'on fasse cette expérience par soi-même, plus d'un financier sera étonné du résultat.

Dans un autre ordre d'idées, la presse n'est pas moins utile; elle défend les intérêts moraux du genre humain. La religion, qui s'adresse à la conscience et à l'esprit, ne vit que de la parole; mais aujourd'hui c'est avec la presse qu'on parle; ce sont des millions de chrétiens qu'on instruit d'un seul coup. Le livre même ne suffit plus à notre âge impatient, il lui faut le journal. Aux États-Unis, en Angleterre, il y a des journaux religieux par milliers; véritables missionnaires qui portent l'Évangile jusqu'au fond de la cabane la plus misérable et la plus reculée.

L'Église aussi a des intérêts à défendre; c'est une société spirituelle, mais elle vit dans l'espace et le temps. Si l'Église croit avoir à se plaindre du gouvernement, de la loi, des partis; si elle a besoin d'une liberté plus grande, qu'elle s'adresse à l'opinion; c'est dans les journaux que sont ses meilleures armes. Longtemps l'Église a eu peur de cette force nouvelle qui, de même que toute force physique ou morale, se prête au bien comme au mal, à l'erreur comme à la vérité, le moment est venu de comprendre qu'on ne gagne rien au silence. Parler est le devoir des saints plus encore que des pécheurs. Au lieu de craindre et de maudire la presse, qui se rit de l'anathème, que le clergé en use, et qu'il défende ainsi le droit commun; il y aura profit pour la religion et pour la liberté.

C'est grâce à la presse qu'il est possible aujourd'hui de populariser les sciences et les arts, et de répandre partout l'enseignement. Mais en France nous avons imaginé un système bizarre, c'est de faire une distinction entre les journaux, de favoriser ceux qui ne parlent que de littérature ou de science, de gêner de plus d'une manière et de grever d'impôts ceux qui parlent de politique[1]. Grâce à ce système, on fait juste le contraire de ce qu'on s'était proposé. On donne une prime à cette littérature de boudoir qui affadit l'esprit et corrompt le cœur; on décourage les journaux religieux, économiques, scientifiques, à qui un peu de politique ouvrirait l'accès de plus d'une

1. Ceci n'existe plus aujourd'hui. Le timbre est aboli; le cautionnement et le droit sur le papier pèsent également sur tous les journaux. (1871.)

maison ; enfin on concentre la politique en un petit nombre de mains, et on rend l'opposition plus forte et plus amère. La liberté est plus morale, plus juste, et par cela même plus habile ; elle laisse la politique entrer partout, et, en la disséminant, elle la neutralise et l'adoucit.

Parlerai-je de l'association industrielle et commerciale? Il suffit d'ouvrir un journal pour voir quel rôle joue la presse dans ces affaires ; elle est le contrôle de tous ces petits gouvernements. La seule garantie des actionnaires, la seule défense des intéressés, c'est la publicité. A la Bourse chacun sait ça ; mais ce qu'on ne voit pas assez à la Bourse et ailleurs, c'est que ce qui est vrai d'une association privée est vrai de toutes les sociétés et de tous les gouvernements.

Qu'est-ce, par exemple, que la commune et le département si la publicité n'éclaire pas les citoyens sur leurs véritables intérêts, et ne leur permet pas de juger comment ces intérêts sont défendus par les mandataires qu'ils ont choisis? En Belgique, les procès-verbaux des provinces font l'éducation du pays. Dans les États de la Nouvelle-Angleterre, ce sont des comptes rendus dont rien ne surpasse le détail et l'exactitude. L'état de l'éducation, la situation de l'agriculture, le progrès des chemins de fer, les travaux publics, etc., sont l'objet d'autant de volumes distribués généreusement. C'est ainsi qu'on crée une chose publique, et que la patrie est vraiment le bien et l'amour de tous les citoyens.

Non-seulement la liberté de la presse est la garantie de toutes les libertés individuelles et sociales, mais elle est encore la garantie des libertés publiques, la garantie même des garanties, si l'on me permet ce mot.

Qu'est-ce que le suffrage universel s'il n'est pas éclairé? Et comment l'éclairer sans journaux? Quand tous les citoyens sauraient lire, quel autre moyen y aurait-il que la presse périodique pour les habituer aux plus simples questions de la politique? Comment un candidat peut-il se faire connaître sans journal? Quel moyen plus simple de parler à une foule nombreuse et de remplacer l'agitation de la place publique par le langage de la raison et du bon sens? Avec le suffrage universel, la multiplicité des journaux est une nécessité; le gouvernement n'y est pas moins intéressé que le pays; autrement on livre les élections à l'inconnu, et qui sait ce qui peut sortir de l'inconnu?

Les Chambres aussi ont besoin de la presse, et au plus haut degré. La force d'une assemblée n'est qu'une force d'opinion. Quand les députés sont soutenus par la nation, quand ils sont la voix vivante du peuple, leur autorité est grande; ils sont maîtres de la fortune et de l'honneur du pays; mais détruisez cette perpétuelle communion de sentiments et d'idées qui fait de la Chambre une représentation nationale, supprimez les journaux, aussitôt vous séchez à la racine l'influence politique des députés; ce ne sont plus que des mandataires provinciaux, un conseil de délégués, et rien de plus. — Vous oubliez, dira-t-on, la liberté et la puissance de la tribune? — Mais sans cet écho qu'on nomme le journal, toute voix s'éteint dans l'étroite enceinte de la Chambre; le pays reste étranger à ses propres affaires, et ne s'attache point à des représentants qu'il ne connaît pas. Il y avait, sous l'Empire, un Sénat et un Corps législatif, une tribune, mais point de journaux; qu'on cherche ce qu'était alors devenue la liberté!

Laisser parler la Chambre et lui ouvrir les journaux, mais faire taire ces écrivains sans mission qui, chaque matin, touchent à toutes les questions, c'est une idée qui a souri à quelques beaux esprits parlementaires. C'est encore un régime qui tue les Chambres en peu de temps. Quelque habiles qu'on les suppose, les députés ne font pas l'opinion : ils la reçoivent et ils l'expriment. Quand les journaux sont muets, les députés n'ont rien à dire ; et d'ailleurs à quoi servirait leur sagesse ? Le pays tenu dans l'ignorance ne les comprendrait plus. Il est fort important sans doute pour les journaux qu'il y ait des Chambres ; mais il est encore plus nécessaire pour les Chambres qu'il y ait des journaux.

« Il faut, disait en 1817 un député, il faut que cette tribune conquière la liberté de la presse, ou qu'elle soit réduite elle-même au silence par l'asservissement de la presse. » Qui parlait ainsi ? Un théoricien ? Un journaliste ? Un révolutionnaire ? Non, c'était un politique, un financier, un ardent et pur royaliste, M. de Villèle. Il est vrai qu'alors il était dans l'opposition. Une fois au pouvoir, il a préféré l'arbitraire à la liberté, et le silence à la publicité. Mais, quelque contagieux qu'ait été cet exemple, l'arbitraire a si mal réussi à M. de Villèle, qu'il aurait dû décourager ses imitateurs. La tribune et la presse sont deux sœurs nées le même jour ; elles ont toujours mêmes amis et mêmes ennemis ; même fortune et mêmes revers. Elles ne peuvent vivre qu'en ne se séparant pas. « Si la Chambre, disait M. Fiévée, livrait la liberté de la presse à un autre pouvoir, elle se livrerait elle-même, car elle est le seul des trois pouvoirs qui ne soit rien sans l'opinion. On a vu des rois très-grands dans des pays où il n'y avait pas de libertés publiques ; on a vu des aristocraties prospérer en écrasant les libertés publiques ; mais on serait bien embarrassé de dire ce que serait un député dans un État où il n'y aurait pas de libertés publiques [1]. »

Ce sont là des vérités triviales ; il ne nous manque que de les appliquer. En Angleterre, en Amérique et ailleurs, on a compris ce rôle universel de la presse ; on a fait du journal un outil dont chacun se sert ; c'est une part de la civilisation et de la vie. En France, nous n'en sommes jamais venus là : cette force toute-puissante nous a fait peur ; on s'est plus occupé de l'étouffer que de s'en servir.

Notre erreur date de loin. Dès les premiers jours de la Restauration, on a imaginé qu'un journal était une école, une tribune, une magistrature, et de ces belles métaphores on a tiré la conséquence logique que nul ne pouvait enseigner, parler au public, juger l'administration, sans commission

1. *Hist. de la Session de* 1817, p. 99.

ou privilége du souverain. M. de Chateaubriand proclamait avec raison qu'il n'y a point de gouvernement représentatif sans la liberté de la presse, puisque tout gouvernement libre est un gouvernement d'opinion, et que personne ne connaît l'opinion si elle n'a pas d'organes; mais il ajoutait qu'*une gazette est une tribune*, et il en concluait que puisqu'un député devait payer mille francs de contributions directes pour avoir le droit de parler à la Chambre, un journaliste devait fournir un cautionnement de mille francs de rente pour parler en public. « Sans préjudice, ajoutait-il, d'une loi forte, *lex immanis*, qui prévienne la prévarication par la ruine, la calomnie par l'infamie, les écrits séditieux par la prison, l'exil, et quelquefois par la mort. C'est aux risques et périls de l'écrivain que je demande pour lui la liberté de la presse; mais il la faut, cette liberté, ou, encore une fois, la Constitution n'est qu'un jeu [1]. »

Otez la mort qui n'est là qu'un mot à effet pour relever la phrase, vous aurez tout le régime de la presse, depuis la Restauration jusqu'à nos jours. Dans les heures les plus favorables, quand on a voulu se montrer libéral, on n'a jamais secoué

1. *De la Monarch.*, chap. XX.

la défiance secrète qu'inspiraient les journaux; on en a toujours fait des priviléges accordés à l'argent ou à la faveur. Jamais il n'est venu à l'idée du législateur qu'en forçant ainsi toutes les nuances de l'opinion à se fondre ensemble, il rendait la presse redoutable; tandis qu'en abandonnant le journal à la liberté la plus complète, il individualisait la presse, et en faisait un bienfait au lieu d'un danger. En vain on nous a cité l'exemple de l'Angleterre, de l'Amérique, de la Hollande, de la Suisse; en vain on nous a répété que si la presse en France était appelée le quatrième pouvoir de l'État, c'est que notre législation en faisait une puissance, que partout ailleurs la presse était la voix de tout le monde et non pas une autorité, rien ne nous a servi; l'expérience n'est pas faite pour nous.

Quoi de plus juste cependant que ces lignes que M. de Tocqueville écrivait il y a près de trente ans :

« Aux États-Unis, il n'y a pas de brevets pour les imprimeurs, ni de timbre pour les journaux, enfin la règle des cautionnements est inconnue. La création des journaux est une entreprise simple et facile; peu d'abonnés suffisent pour que le journal couvre ses frais; aussi le nombre des écrits périodiques aux États-Unis dépasse-t-il toute croyance. Les Américains les plus éclairés attribuent à cette incroyable dissémination des forces de la presse son peu de puissance. C'est un axiome de la science politique aux États-Unis, que le seul moyen de neutraliser les effets des journaux, c'est d'en multiplier le nombre. Je ne saurais me figurer qu'une vérité aussi évidente ne soit pas devenue chez nous plus vulgaire. Que ceux qui veulent faire des révolutions à l'aide de la presse cherchent à ne lui donner que quelques puissants organes, je le comprends sans peine; mais que les partisans officiels de l'ordre établi, et les soutiens naturels des lois existantes, croient atténuer l'action de la presse en la concentrant, voilà ce que je ne saurais absolument concevoir. Les gouvernements d'Europe me semblent agir vis-à-vis de la presse de la même façon qu'agissaient jadis les chevaliers envers leurs adversaires : ils ont remarqué par leur propre usage que la centralisation était une arme puissante, et ils veulent en pourvoir leur ennemi, afin sans doute d'avoir plus de gloire à lui résister [1]. »

Trente ans ont passé sans que la raison ni l'ironie de Tocqueville nous aient effleurés. Nous nous sommes entêtés à centraliser le journalisme, et nous en sommes aujourd'hui au système des avertissements; cependant la Belgique a établi chez elle la liberté de la presse, et elle a vécu libre et paisible, sans brevets d'imprimeurs, sans timbre et sans cautionnement. L'Italie en fait de même; au milieu d'une grande révolution poli-

1. *De la démocr.*, t. I, p. 221.

tique, elle laisse chacun dire et imprimer ce qu'il veut; elle dissémine les opinions et les partis. Voit-on que l'opposition y soit plus forte et plus dangereuse qu'en d'autres pays moins aventureux?

L'épreuve est faite; la législation de la presse est trouvée; elle est la même chez tous les peuples libres. Point de censure, sous quelque forme que ce soit, point de brevets d'imprimeurs, qui ne sont qu'une censure déguisée, point de cautionnement, point de timbre, un droit de poste des plus légers; en un mot, ces terribles journaux, qu'on ne peut écraser par la force, il faut les rendre utiles et innocents en les multipliant par la liberté.

— Ce sera, dira-t-on, une licence abominable. Allez-vous aussi nous prêcher l'impunité absolue?

— Non, quoi qu'il y ait une part de vérité dans cette doctrine de l'impunité. Elle a le mérite de reconnaître et de proclamer qu'en politique, comme en religion, il n'y a point de délit d'opinion. L'hérésie politique, comme l'hérésie religieuse, peut être une erreur, elle ne peut pas être un crime. C'est ce que nos lois sur la presse, et surtout les condamnations prononcées, ont trop souvent méconnu. On a érigé en attaques contre la morale, la société, le gouvernement, ce qui n'était que la libre recherche d'un esprit indépendant. Agir ainsi, c'est reconstituer l'Inquisition sous une autre forme et au profit d'un intérêt moins respectable. On ne peut tracer un cercle à la pensée de l'homme; il doit lui être permis d'étudier froidement tous les problèmes. La politique ne peut pas avoir des priviléges que la religion elle-même ne réclame plus. Quand il est licite de mettre en question l'existence de Dieu, il ne peut pas être interdit de critiquer une loi passagère; et assurément il est puéril de faire décider la vérité par un jury. L'amende ni la prison ne prouvent l'infaillibilité du juge; la vérité n'a d'autre tribunal que la raison.

Mais la presse, qui n'est que la parole agrandie, peut commettre tous les délits que punit le droit commun. On peut injurier et calomnier son ennemi, pousser au pillage, provoquer à la révolte et à la guerre civile; ce sont là des attaques qui n'ont rien d'excusable. On ne voit pas pourquoi il y aurait pour les journaux un privilége d'impunité. Telle est la théorie qui a été soutenue par les libéraux de 1819; c'est le même principe qui régit la loi d'Angleterre. Au fond, c'est l'égalité de la parole dite ou imprimée.

L'idée me paraît juste; mais entre la parole dite et la parole imprimée, il y a d'ordinaire une différence essentielle qui, chez tous les peuples libres, a introduit une distinction, non pas dans la nature du délit, mais dans la juridiction. Qu'un citoyen injurie ou calomnie un de ses voisins, ce n'est là qu'un délit privé; la société n'y a d'autre intérêt que le maintien de la paix publique. En pareil cas, elle est parfaitement représentée par les juges correctionnels. Mais c'est rarement un simple particulier que les journaux attaquent. Ce qu'ils dénoncent, c'est le fonctionnaire, c'est le ministre; ce qu'ils lui reprochent c'est de manquer à ses devoirs, c'est de violer les lois. Ici la société est partie; si le reproche est vrai, ce sont ses intérêts, c'est son droit qu'on défend. Dans ce procès, où il y a trois engagés, qui jugera? Les tribunaux ou une magistrature particulière qui, en aucune façon, ne dépende de l'État? L'expérience a prononcé. Chez les peuples libres, c'est au jury qu'on renvoie les délits de la presse; le jury est une des garanties publiques de la liberté.

Pourquoi ne s'en remet-on pas au juge ordinaire? La raison en est évidente. « *Qui jugera la Presse la possédera*, disait, en 1817, Camille Jordan[1]. Par elle, il influencera l'opinion, par cette opinion les élections, les Chambres, le gouvernement, toutes nos institutions, toutes nos destinées. Là, en un mot, sera le pivot, la clef de voûte de tout notre édifice politique. » Et, de son côté, M. Royer-Collard disait avec toute la solennité et l'autorité de sa parole : « Nous devons « comprendre que, dans chaque procès, *avec l'é-* « *crivain comparaît la liberté elle-même, dont le* « *sort est engagé dans le jugement qui va être rendu* « *et qui prononcera contre la liberté la peine capitale,* « *quand il paraîtra ne prononcer qu'une peine légère* « *contre l'écrivain.* »

Cette conception juste et profonde nous explique la nécessité du jury. Les tribunaux ordinaires jugent au nom de la société et entre les citoyens; ils ne sont pas faits pour juger entre la société et le gouvernement; car ils se trouveraient supérieurs à tous les deux. Dans les procès de la presse, comme dans les procès criminels, la société est engagée; la pensée, la vie de ses membres sont pour elle un intérêt de premier ordre. Elle est blessée, si la liberté et le droit de tous les citoyens sont atteints dans la personne d'un

1. *Moniteur*, séance du 13 décembre 1817.

innocent; c'est pourquoi elle se réserve de pareils jugements et intervient par le jury. Ce n'est point par défiance que sont écartés les juges ordinaires, c'est par incompétence.

Ces vérités ne sont point nouvelles. En Angleterre, elles ont deux siècles d'existence. En France, elles ont été défendues dès 1817 par tout ce que nous avons eu de publicistes éminents, de grands orateurs, d'hommes d'État. Royer-Collard, Chateaubriand, Benjamin Constant, M. le duc de Broglie ont soutenu ce grand principe auquel la fortune de la liberté est attachée. Fiévée, que je cite souvent, parce qu'il représente l'opinion moyenne des gens éclairés et le bon sens du parti royaliste, écrivait, en 1817, avec sa vivacité ordinaire :

« Quelques orateurs se sont évertués à prouver que le jury ne représentait pas l'opinion publique; c'était de l'éloquence bien mal employée. Non sans doute, le jury ne représente rien; *il est la société elle-même défendant ses droits dans l'application des lois pénales*, comme les députés qu'elle a choisis défendent ses intérêts dans les discussions législatives. La société se fait représenter pour discuter ses intérêts; elle intervient elle-même pour éviter des jugements qui pourraient la priver des dons qu'elle a reçus de Dieu. Cela est si simple et si juste, qu'on ne pourrait expliquer comment il se trouve des gens qui ne le comprennent pas, si on ne se rappelait tout ce que les habitudes du despotisme et les profits de la servitude ôtent à la faculté de comprendre. Le jury peut se tromper, qui en doute? Depuis qu'il y a des sociétés, elles commettent des erreurs; Dieu qui les a créées libres ne pouvait leur ôter la possibilité de s'égarer. Ne dirait-on pas que le pouvoir absolu et ses agents ne se trompent jamais? Le tableau de l'état social a souvent été fait dans cette discussion de manière à donner à croire que les hommes ressemblaient à des moutons qui devaient obéir au berger qui les défend des loups, jusqu'à ce qu'il plaise au propriétaire de les envoyer à la boucherie; et à la manière dont on faisait l'éloge des juges et la satire du jury, on aurait dit que notre histoire n'offrait aucun exemple terrible de la partialité et des erreurs des tribunaux. Toutes ces accusations, toutes ces généralités sont oiseuses. Dans les questions politiques, il faut aller au fond des choses ou se taire; et le fond des choses ici est le maintien ou la chute de la constitution, la honte ou le salut de la France[1]. »

Nous avons vu le jury à l'œuvre, dira-t-on, la répression a toujours été faible et arbitraire; rien n'a arrêté les violences de la presse. La mollesse du jury a paralysé la sévérité des lois.

A cela deux réponses. La première, c'est qu'on a eu souvent le tort de porter devant le jury des délits qui n'en sont pas. Les gouvernements attendent du jury qu'il appuiera leur politique; le jury n'est point fait pour cela. Sa mission, c'est de

1. *Hist. de la Session de* 1817, p. 40.

punir l'injure, la calomnie, la provocation à la révolte, c'est-à-dire des délits grossiers, des crimes énormes et rares. Toutes les fois qu'on voudra faire du jury un instrument politique et qu'on lui fera juger des doctrines, on échouera. Le jury n'est pas une Chambre, c'est une magistrature; il faut lui demander, non pas des services, mais des arrêts.

La seconde réponse est que tout apprentissage est long; il y faut de la patience. Que n'a-t-on pas dit sur l'incapacité du jury criminel? Aujourd'hui cependant qui voudrait le remplacer par des juges permanents? Pour faire un bon jury en matière de presse, il faut des mœurs politiques; mais pour faire des mœurs politiques, il faut la pratique de la liberté. En d'autres termes, le jury est nécessaire, malgré ses défauts, parce que lui seul peut créer des jurés. Au-dessus de ces difficultés de détail, de ces ennuis passagers, reste le principe qui domine tout. Une société libre est celle qui garde en ses mains les jugements criminels, et parmi ces jugements les moins importants ne sont pas ceux de la presse. Si précieuse que soit la vie, elle ne vaut pas plus que la conscience et la pensée.

Reste à parler des peines applicables aux délits

de la presse ; car, sur ce point, nous avons aussi de très-fausses idées.

Lorsqu'il s'agit d'un délit et non pas de quelque crime énorme, il n'y a de peines efficaces que les peines civiles. Accorder des dommages-intérêts à la personne attaquée, c'est la vraie façon d'habituer la presse à respecter autrui et à se respecter elle-même. Plus d'une fois le législateur a suivi chez nous la voie contraire. C'est l'État qui se montre, c'est la vengeance publique qui domine ; on prononce la prison contre un homme qui n'est pas toujours le vrai coupable, et, par une peine excessive et disproportionnée, on appelle sur lui l'intérêt général[1]. On se plaint alors qu'il n'y a pas de loi possible pour châtier les excès de la presse, et, ne pouvant la réprimer, on se rejette dans tous les abus du système préventif.

Ce sont là des erreurs fâcheuses. Dans un pays de suffrage universel, chez un peuple où

1. Dans le projet de loi de 1868, le gouvernement avait supprimé la prison, et conservé l'amende ; la Chambre a rétabli la prison au nom de l'égalité. Mais quelle égalité y a-t-il ici ? Est-ce que les délits de la presse menacent les choses ou les personnes particulières, comme la violence et le vol ? selon moi la Chambre s'est trompée ; c'est le gouvernement qui avait raison. (1868.)

l'opinion est souveraine, il faudrait enfin comprendre que la presse n'est pas seulement une arme d'opposition, mais encore, mais surtout un grand instrument d'éducation, de progrès, de gouvernement. Laisser cet outil à nos voisins et nous déclarer incapables d'en user, c'est un aveu d'impuissance qui doit répugner à tout le monde ; il faut apprendre à nous servir de la presse, et le seul moyen, je le répète, c'est de profiter de l'expérience d'autrui et de ne pas craindre une épreuve qui a réussi partout. Une fois encore, ayons confiance dans la liberté.

J'ai soigneusement écarté toute théorie, je n'ai voulu parler qu'au nom de l'expérience. Mais l'expérience n'a de prix que parce qu'elle nous fait connaître la nature et la loi des choses ; autrement elle ne serait qu'une vaine curiosité. Que nous crie l'expérience ? C'est que pour les sociétés il n'y a qu'une condition de force et de santé : c'est la vérité, c'est la justice ; le mensonge et l'arbitraire n'ont jamais rien fondé. De petits Machiavels souriront à cette déclaration naïve, et n'auront pas de peine à prouver que pour faire fortune il n'est pas besoin de ces vieux préjugés. Je ne parle point des habiles, je crois qu'en effet la liberté de la presse leur profite peu, mais qu'on regarde autour de soi. Quels sont les pays riches, prospères, moraux, paisibles, qui peuvent sans inquiétude envisager l'avenir? Ce sont les pays où la presse, avec toutes ses passions et ses erreurs, verse à flots la vérité, et maintient chacun dans le devoir par la crainte de l'opinion. Quels sont les pays où les hommes honnêtes, capables, constants, courageux, sont aux affaires, où la supériorité morale se joint à la supériorité politique? Ce sont les pays où chaque matin on peut tout dire contre un ministre ; où, ne pas l'accuser, c'est le louer. Quel État plus puissant que l'Angleterre, plus riche que la Hollande, plus patriotique que la Suisse, plus vaillant que l'Amérique, plus industrieux que la Belgique? Et cependant, ces affreux journaux y pullulent; ils critiquent tout et on ne les poursuit pas. C'est la vie avec tous ses écarts, mais avec toute sa force et toute son énergie.

Regardez, au contraire, quels sont les peuples arriérés, pauvres, corrompus, tour à tour violents et serviles ; ce sont ceux où la presse est muette, où l'on étouffe les journaux sous prétexte d'empêcher le mensonge et la calomnie. Voyez ce qu'était Naples il y a trois ans, l'Espagne il y a vingt ans, la Russie aujourd'hui. Prenez un tableau de statistique; vous y verrez que richesse, moralité et liberté de la presse y sont toujours au même degré.

Qui n'aperçoit pas le lien qu'il y a entre la liberté de la presse et la fortune des peuples, celui-là est aveuglé par l'ignorance ou le préjugé. La presse est la pierre de touche du vrai libéralisme. Quiconque a peur des journaux et ne voit pas le rôle qu'ils jouent dans la civilisation moderne, celui-là, quel que soit son esprit, n'aime pas la liberté, ou, ce qui revient au même, il ne la comprend pas.

XVIII

L'AVENIR DU PARTI LIBÉRAL.

J'ai exposé les idées et les espérances du parti libéral. Ce n'est pas en m'inspirant de vaines théories que j'ai dressé ce programme, c'est en étudiant les besoins et les désirs de la France, c'est en observant les pays qui vivent de la liberté. Il n'y a pas une seule des institutions que je réclame qui ne soit en vigueur chez les Anglais, les Américains, les Suisses et les Belges; ce n'est pas l'apanage d'une race privilégiée, c'est le droit commun des États constitutionnels, le patrimoine commun de la civilisation. S'entêter à fermer les yeux sur cette vérité éclatante, c'est prendre l'aveuglement pour le patriotisme. Je m'attends néanmoins à ce qu'au lieu de me répondre on crie à l'utopie; c'est l'argument ordinaire de sages qui comptent leurs expériences par leurs échecs, et qui se croient des esprits pratiques en suivant l'ornière où leurs devanciers nous ont versés. Quand donc comprendra-t-on qu'un peuple démocratique, chez qui règne l'industrie, ne peut être tranquille et heureux qu'à la condition de se gouverner lui-même : A des besoins nouveaux il faut des lois nouvelles; la centralisation n'est plus qu'une entrave qui gêne et irrite la France. Aujourd'hui il n'y a de sage et de raisonnable que la liberté.

Ce programme est-il le manifeste d'un parti? Singulier parti que celui qui ne demande que des améliorations aussi profitables au gouvernement qu'aux citoyens. Si demain on l'écoutait, que ferait-on autre chose que de réaliser ces grands principes de 1789, que la Constitution de 1852 reconnaît, confirme et garantit? Qu'on prenne la déclaration des droits promulgués par l'Assemblée constituante, on y trouvera notre programme tout entier. Si la révolution, dans ce qu'elle a de bon et de juste, a laissé des héritiers, assurément ce sont ceux qui acceptent sa succession et demandent l'exécution de son testament.

Loin que le parti libéral soit une secte nouvelle qui, à son tour, fasse bande à part dans la nation, son ambition est de relever le drapeau sous lequel les Français ont toujours aimé à se ranger. Reprendre un programme que tous les honnêtes gens acceptent, réunir des frères trop longtemps divisés par des malentendus, terminer la révolution en donnant à toute la France une même âme et une même vie, c'est là notre espoir. Il n'est chimérique que pour les hommes d'État qui ne connaissent pas la toute-puissance de la liberté.

— La liberté, dira-t-on, ne servirait qu'à enflammer toutes les passions; elle donnerait la fièvre au pays. La France est remplie de vieux partis, qui n'aspirent qu'à s'entre-déchirer; laissons-les mourir. Une fois enterrés, rien ne sera plus facile que d'accorder la liberté à des générations sans souvenirs.

En d'autres termes, on nous fait entendre que le gouvernement se charge d'être sage pour tout le monde, en attendant que nous soyons devenus ou qu'il nous ait rendus sages. S'il en est ainsi, il pourra se passer quelque temps avant qu'on nous rende la liberté.

Cette politique qu'on nous donne comme nouvelle était déjà vieille il y a quarante ans. C'est ainsi qu'on raisonnait sous la Restauration ; aussi, à l'heure du péril, la royauté a-t-elle trouvé tous les partis rangés en bataille pour la renverser. Pourquoi? c'est que la force comprime les partis, mais ne les dissout pas. Si la force avait cette influence magique, il y a longtemps que la Pologne serait morte : elle est plus vivante que jamais. La force fait le silence autour d'elle, elle ne change pas les cœurs. C'est la liberté seule qui fait ce miracle. Persécutés, les partis vivent dans l'ombre comme tous les martyrs; mettez-les au grand air de la vie publique, ils mourront. Il y aura des nuances d'opposition, il n'y aura ni factieux, ni conspirateurs. C'est une vérité que l'histoire a depuis longtemps démontrée.

Supposons que le gouvernement accepte un programme qui contient le secret de la grandeur et de la prospérité de nos voisins; voyons quelle sera l'attitude des partis, et s'ils pourront résister à l'attrait de la liberté.

Les partis (ai-je besoin de dire que je ne prends pas ce mot dans une acception défavorable, et que je m'en sers uniquement pour désigner certains groupes de citoyens, réunis par une même foi politique?) les partis sont nombreux en France; il est difficile qu'il en soit autrement après tant de révolutions. Chacun a eu le pouvoir; chacun a emporté en tombant des désirs et des espérances qu'on n'abandonne pas en un jour. Les principaux sont le parti légitimiste, le parti catholique ou clérical, le parti orléaniste et constitutionnel, le parti radical et le parti socialiste.

Chacun de ces partis a des nuances diverses; mais je n'entre point dans un détail qui n'ajouterait rien à la portée de mes réflexions, et qui d'ailleurs serait infini. Par la même raison, quand je parle d'un parti, c'est de la majorité que je m'inquiète, et non point des esprits extrêmes. Il y aura toujours des gens plus royalistes que le roi et plus catholiques que le pape; mais ces petites églises n'ont aucune influence sur la marche de l'humanité. Ce sont des bizarreries qui sont curieuses pour l'observateur, et rien de plus.

Dans une France, où la liberté politique et la liberté privée seraient aussi largement organisées qu'en Angleterre ou en Belgique, que feraient les légitimistes? C'est un parti considérable qui a pour principe une certaine notion du pouvoir, et qui y joint un grand goût pour le catholicisme et pour les libertés locales. Une constitution libre ne remplacerait pas sans doute un roi légitime; il y aurait un petit nombre de fidèles qui se tiendrait à l'écart; mais n'est-il pas probable que le grand nombre entrerait avec plaisir dans les conseils municipaux et provinciaux. N'est-il pas à croire qu'une Église libre, des écoles libres, seraient pour ce parti un objet d'amour, une occupation constante? On ne refuse pas l'influence quand on l'a sous la main. C'est là tout ce qu'un gouvernement sage peut souhaiter. Laissez un parti entrer dans la vie politique, peu à peu il s'habitue à un régime qui lui donne la liberté; c'est une affaire de temps. Forcer les consciences, combattre de pieuses traditions, imposer des serments, multiplier les incapacités, ce sont les moyens qu'employa l'Angleterre pour combattre les amis des Stuarts; c'est ainsi qu'elle fit durer les jacobites. Honorer ceux qui ont la religion des souvenirs, mais les appeler au service du pays, c'est la politique moderne; elle est grande, elle est noble et ne peut manquer de réussir. Quand les légitimistes auront goûté de la vie publique durant une génération ou deux, ils auront appris à aimer la France par-dessus toutes choses, et, sans manquer au respect du passé, ils seront des citoyens, et ne seront plus un parti.

J'en dirai autant du parti catholique ou clérical. Je ne parle pas d'un groupe d'hommes qui vit dans le passé et qui rêve de rétablir l'antique union de l'Église et de l'État, afin d'étouffer la liberté, source de toutes les erreurs; c'est un débris du moyen âge, égaré au milieu de la société moderne, et qui n'est dangereux que pour la cause qu'il défend. Mais qui peut douter que la liberté entière ne transformât la masse du clergé, et ne détruisît ce parti catholique, qui mêle la religion à la politique parce que la politique est mêlée à la religion?

Du jour où l'État est purement laïque, où l'Église est maîtresse absolue chez elle, c'en est fait de ces tiraillements qui gênent la société autant que la religion. Une fois la conscience désintéressée, la paix renaît comme par enchantement; on peut en juger par l'exemple des catholiques anglais: deux siècles d'oppression n'ont pu les réduire, trente ans de liberté les ont désarmés. On prête au pape Grégoire XVI le mot suivant: *Il y a*, disait-il, *un pays où je peux tout, c'est le seul pays où je ne peux rien.* Il s'agissait des États-Unis. Qu'il ait été dit ou non, ce mot n'en est pas moins d'une profonde vérité. Une religion n'est un parti politique que là où elle est alliée au pouvoir. Qu'elle soit maîtresse ou servante, qu'elle domine le gouvernement ou qu'elle soit régentée par lui, soyez sûr qu'elle troublera l'État ou qu'elle en sera troublée. Donnez-lui la liberté complète, il n'y aura plus dans l'Église que des fidèles et dans l'État que des citoyens.

J'ai cité le parti orléaniste ; mais, à vrai dire, il n'y a point de parti de ce nom. Les princes d'Orléans ne représentent pas un principe particulier ; ils se sont mis à la disposition de la France, et ont servi purement et simplement la liberté constitutionnelle. S'il y a un parti orléaniste, ce souvenir est sa force et sa faiblesse : sa force, car la France est restée plus fidèle à la liberté qu'on ne semble le croire; sa faiblesse, car rien n'est plus facile au gouvernement que de prendre le programme constitutionnel et de rattacher à lui les amis de la liberté.

Sous le nom de parti radical, je comprends les républicains de diverses écoles qui ont paru sur la scène politique en 1848. Dans ce parti, il y a des différences profondes, et, à côté d'esprits libéraux, on trouverait des républicains qui se réconcilieraient avec la dictature plus aisément qu'avec la liberté. Quand on a pris pour idéal la Convention, il est difficile qu'on ait du goût pour des institutions qui ménagent sans cesse les minorités et les individus Cette adoration d'une assemblée despotique, ce fétichisme révolutionnaire sont chez nous un grand obstacle au triomphe de la liberté. Quand on admire Robespierre et Saint-Just, on ne comprend rien aux scrupules de Washington.

Mais il y a aussi dans le parti radical un grand nombre d'hommes qui se rattachent aux principes de 1789. Ceux-là, il est aisé de les conquérir avec des institutions libres, et de les réconcilier avec un système politique qui, à l'origine, n'était pas de leur goût. C'est ce qu'exprimait parfaitement Benjamin Constant, ardent républicain de l'an III, mais très-décidé à n'être pas plus sage que la France, et à accepter tout gouvernement libéral reconnu par le pays : « Les révolutions me sont odieuses, disait-il, parce que la liberté m'est chère... La liberté, l'ordre, le bonheur des peuples sont le but des associations humaines; les organisations politiques ne sont que des moyens; et un républicain éclairé est beaucoup plus disposé à devenir un royaliste constitutionnel qu'un partisan de la monarchie absolue. *Entre la monarchie constitutionnelle et la république, la différence est dans la forme. Entre la mo-*

narchie constitutionnelle et la monarchie absolue, la différence est dans le fond[1]. »

Quant aux socialistes et aux communistes, ce sont eux peut-être qui gagneraient le plus à l'établissement de la liberté, quoique la liberté amenât la dissolution du parti. Les théories socialistes et communistes ont été enfantées par les souffrances de certaines classes ; à tort ou à raison, les ouvriers se sont crus exploités et sacrifiés. Ils se sont plaints que les lois étaient faites contre eux et pour leurs patrons ; ils n'ont pas toujours eu tort. Que faut-il pour dissiper ces craintes et ramener la confiance dans les esprits ? La liberté de s'associer, le droit pour chaque individu de réunir ses bras ou son capital aux bras ou aux capitaux de ceux qui veulent chercher la fortune à leurs risques et périls. Est-ce tout? Non, il faut encore à l'ouvrier et au prolétaire le droit de s'instruire, de s'éclairer, de se former l'intelligence, afin de lutter bravement contre les difficultés de la vie. En Angleterre, où le chartisme effrayait plus d'un politique, on a donné toutes ces libertés aux classes pauvres ; le chartisme a disparu. L'ouvrier ne compte plus

1. *Cours de pol. const.*, t. II, p. 70.

sur une organisation extérieure et despotique, il compte sur lui-même et sur l'association volontaire; il n'est plus communiste et révolutionnaire, il est individualiste et libéral. En France, j'oserai dire que cette réforme est mûre; il est aisé d'en finir avec les sociétés secrètes, s'il en existe encore. Les ouvriers ont un désir extrême de vivre tranquilles et maîtres de leurs droits; on les attachera vite aux institutions nouvelles en leur donnant franchement et largement la liberté.

Dissoudre ce qui reste des partis, rallier autour de soi cette masse de gens honnêtes et paisibles qui détestent les révolutions et qui aiment la liberté, c'est, selon moi, une œuvre facile pour le gouvernement dans les circonstances présentes. Il est puissant, il est le maître, il peut, sans qu'on l'accuse de faiblesse, donner la liberté. Si le pouvoir entre dans cette voie féconde, les libéraux ne sont plus un parti, ils se nomment la France. Si, au contraire, le gouvernement ne croit pas que le moment soit venu de couronner l'édifice, que deviendra le parti libéral? Il est aisé de le dire. Comme c'est un parti, et non pas une faction, comme il n'a rien à cacher, et qu'il peut arborer son drapeau au grand jour, il n'est pas douteux que c'est autour de lui que se rallieront tous ceux qui veulent la liberté. De tous les côtés il lui viendra des auxiliaires qui grandiront son influence, il ne sera pas seulement l'opposition dans les Chambres, il sera l'opinion dans le pays. Voilà ce qu'une sage politique doit éviter. Quand une force légitime se montre chez un peuple, l'habitude d'un homme d'État, c'est de s'en emparer et de s'en servir. Le goût de la liberté renaît en France, il faut avoir la liberté pour soi ou contre soi. Le choix peut-il être douteux ?

J'ai terminé ce travail qui m'a mené plus loin que je ne pensais, et qui peut-être a fatigué plus d'une fois la patience du lecteur. Ce qui m'a décidé à me risquer sur un terrain mal assuré, et à aborder franchement des questions brûlantes, c'est le sentiment d'un devoir à remplir. Pour tout citoyen qui croit avoir quelque chose à dire, le moment est venu de parler. Les dernières élections ont montré que la France revenait à ses anciennes idées. A toutes les promesses, à toutes les menaces, le suffrage universel a répondu par un seul mot. *Liberté*. Il n'y a eu ni passions, ni colères, ni ambitions cachées dans les dernières élections, c'est le sentiment populaire qui a parlé. C'est la voix de la nation qu'on a entendue.

En de pareilles circonstances, j'ai cru bien faire

de tracer le programme de la liberté, pour donner à chacun l'occasion de s'éprouver soi-même, pour appeler l'attention publique sur ces graves questions, pour empêcher enfin qu'une fois encore ce mouvement n'avortât en luttes stériles. Après tant d'agitations, après tant de souffrances perdues, ce que veut la France, si l'on en peut juger par les élections, ce ne sont ni de beaux discours, ni des querelles d'influence ; ce qu'elle veut, c'est le droit pour chaque individu de développer toutes ses facultés, c'est le droit pour le pays de vivre par lui-même et d'exercer un contrôle décisif sur ses propres affaires. Voilà le programme de la démocratie française. Trois mots le résument : *Liberté individuelle*, *sociale* et *politique*. Cette liberté, c'est celle que nos pères rêvaient à l'aurore de la révolution, celle qui charmait l'Europe entière, celle que la France n'a jamais cessé d'aimer. Les élections de 1863 sont un retour aux principes de 1789. Voilà ce que personne ne doit oublier.

FIN.

APPENDICE

I

LES PRINCIPES DE 1789

Par son premier article, la Constitution de 1852 *reconnaît, confirme et garantit les grands principes proclamés en 1789, et qui sont la base du droit public des Français.*

Quels sont ces principes de 1789 que tous les partis prennent pour mot d'ordre? Quelles sont ces maximes qui réunissent tous les Français par une foi commune, puisqu'il n'est guère de Français, simple contribuable ou ministre, qui, à l'occasion, ne les invoque et ne les glorifie? J'ai eu la curiosité peu commune de rechercher ces adages célèbres que tout le monde cite, et que personne ne lit. Ma curiosité m'a porté bonheur; j'ai fait une découverte qui aura pour beaucoup de gens le charme de la nouveauté. La déclaration des droits de 1791, solennelle proclamation des principes de 1789, fait de l'égalité politique un droit naturel et inaliénable; cela nous le savons tous; en ce point la révolution a passé dans les lois. Mais ce qu'ignorent certainement une foule d'hommes d'État, qui ont sans cesse les principes de 1789 à la bouche, pour nous inviter à ne pas imiter les Anglais, c'est qu'à l'imitation du *bill des droits* de 1689 et de la Constitution américaine, la déclaration de 1791 proclame que la liberté civile et politique est aussi le droit naturel et inaliénable de l'homme et du citoyen; c'est sur ce principe qu'elle établit la Constitution.

Cette partie des maximes de 1789 est tombée dans l'ombre; il me semble difficile d'admettre que la liberté civile et politique, telle que l'entendaient nos pères, soit aujourd'hui la base du droit public français. Pour nous, comme pour nos pères, cette liberté n'est encore qu'une espérance. Notre désir, c'est qu'après soixante-quinze ans de luttes et d'efforts, ces principes passent enfin dans les lois, et que la liberté ne soit plus un grand mot, mais un grand fait.

Comme mon livre n'est que le commentaire des principes politiques de 1789, j'ai cru bien faire d'y joindre en appendice la *déclaration des droits*. On verra si le parti libéral est resté fidèle à la tradition, et s'il a raison de se porter héritier de 1789. Non pas qu'il n'y ait dans la *déclaration* certaines théories philosophiques qui aujourd'hui sont abandonnées; mais à côté de ces erreurs, faciles à reconnaître, il y a des principes reçus chez tous les peuples libres, comme formant les conditions essentielles de la liberté civile et politique. Ces principes, que l'Assemblée constituante a empruntés à Locke, aux lois anglaises, aux constitutions américaines, ces principes ne sont pas de vaines conceptions, des phrases sonores, ce sont des maximes supérieures qui doivent être la règle du législateur ordinaire, les lois des lois, *legum leges*. Que ces principes, reconnus en théorie par la Constitution de 1852, entrent dans nos institutions, le vœu du parti libéral sera rempli. Ce qu'il demande, c'est ce que nos pères demandaient en 1789, et ce que depuis trois quarts de siècle la France n'a cessé d'espérer et d'aimer.

CONSTITUTION FRANÇAISE

DU 3-14 SEPTEMBRE 1791.

DÉCLARATION DES DROITS DE L'HOMME ET DU CITOYEN.

Les représentants du peuple français, constitués en Assemblée nationale, considérant que l'ignorance, l'oubli ou le mépris des droits de l'homme sont les causes des malheurs publics et de la corruption des gouvernements, ont résolu d'exposer, dans une déclaration solennelle, les droits naturels, inaliénables et sacrés de l'homme, afin que cette déclaration, constamment présente à tous les membres du corps social, leur rappelle sans cesse leurs droits et leurs devoirs ; afin que les actes du pouvoir législatif et ceux du pouvoir exécutif, pouvant être à chaque instant comparés avec le but de toute institution politique, en soient plus respectés ; afin que les réclamations des citoyens, fondées désormais sur des principes simples et incontestables, tournent toujours au maintien de la constitution et au bonheur de tous.

En conséquence, l'Assemblée nationale reconnaît et déclare, en présence et sous les auspices de l'Être Suprême, les droits suivants de l'homme et du citoyen.

Art. 1er. — Les hommes naissent et demeurent libres et égaux en droits. Les distinctions sociales ne peuvent être fondées que sur l'utilité commune.

Art. 2. — Le but de toute association politique est la conservation des droits naturels et imprescriptibles de l'homme. Ces droits sont la liberté, la propriété, la sûreté et la résistance à l'oppression.

Art. 3. — Le principe de toute souveraineté réside essentiellement dans la nation. Nul corps, nul individu ne peut exercer d'autorité qui n'en émane expressément.

Art. 4. — La liberté consiste à pouvoir faire tout ce qui ne nuit pas à autrui : ainsi l'exercice des droits naturels de chaque homme n'a de bornes que celles qui assurent aux autres membres de la société la jouissance de ces mêmes droits. Ces bornes ne peuvent être déterminées que par la loi.

Art. 5. — La loi n'a le droit de défendre que les actions nuisibles à la société. Tout ce qui n'est pas défendu par la loi ne peut être empêché, et nul ne peut être contraint à faire ce qu'elle n'ordonne pas.

Art. 6. — La loi est l'expression de la volonté générale. Tous les citoyens ont droit de concourir, personnellement ou par leurs représentants, à sa formation. Elle doit être la même pour tous, soit qu'elle protége, soit qu'elle punisse. Tous les citoyens, étant égaux à ses yeux, sont également admissibles à toutes dignités, places et emplois publics, selon leur capacité, et sans autre distinction que celle de leurs vertus et de leurs talents.

Art. 7. — Nul homme ne peut être accusé, arrêté ni

détenu que dans les cas déterminés par la loi, et selon les formes qu'elle a prescrites. Ceux qui sollicitent, expédient, exécutent ou font exécuter des ordres arbitraires, doivent être punis; mais tout citoyen, appelé ou saisi en vertu de la loi, doit obéir à l'instant : il se rend coupable par la résistance.

Art. 8. — La loi ne doit établir que des peines strictement et évidemment nécessaires; et nul ne peut être puni qu'en vertu d'une loi établie et promulguée antérieurement au délit, et légalement appliquée.

Art. 9. — Tout homme étant présumé innocent jusqu'à ce qu'il ait été déclaré coupable, s'il est jugé indispensable de l'arrêter, toute rigueur qui ne serait pas nécessaire pour s'assurer de sa personne doit être sévèrement réprimée par la loi.

Art. 10. — Nul ne doit être inquiété pour ses opinions, même religieuses, pourvu que leur manifestation ne trouble pas l'ordre public établi par la loi.

Art. 11. — La libre communication des pensées et des opinions est un des droits les plus précieux de l'homme; tout citoyen peut donc parler, écrire, imprimer librement, sauf à répondre de l'abus de cette liberté dans les cas déterminés par la loi.

Art. 12. — La garantie des droits de l'homme et du citoyen nécessite une force publique; cette force est donc instituée pour l'avantage de tous, et non pour l'utilité particulière de ceux auxquels elle est confiée.

Art. 13. — Pour l'entretien de la force publique et pour les dépenses d'administration, une contribution commune est indispensable; elle doit être également répartie entre tous les citoyens, en raison de leurs facultés.

Art. 14. — Tous les citoyens ont le droit de constater, par eux-mêmes ou par leurs représentants, la nécessité de la contribution publique, de la consentir librement, d'en suivre l'emploi, et d'en déterminer l'assiette, le recouvrement et la durée.

Art. 15. — La société a le droit de demander compte à tout agent public de son administration.

Art. 16. — Toute société dans laquelle la garantie des droits n'est pas assurée, ni la séparation des pouvoirs déterminée, n'a point de constitution.

Art. 17. — La propriété étant un droit inviolable et sacré, nul ne peut en être privé, si ce n'est lorsque la nécessité publique, légalement constatée, l'exige évidemment, et sous la condition d'une juste et préalable indemnité.

CONSTITUTION FRANÇAISE.

L'Assemblée nationale voulant établir la Constitution française sur les principes qu'elle vient de reconnaître et de déclarer, abolit irrévocablement les institutions qui blessaient la liberté et l'égalité des droits.

Il n'y a plus ni noblesse, ni pairie, ni distinctions héréditaires, ni distinctions d'ordres, ni régime féodal, ni justices patrimoniales, ni aucun des titres, dénominations et prérogatives qui en dérivaient, ni aucun ordre de chevalerie, ni aucune des corporations ou décorations pour lesquelles on exigeait des preuves de noblesse, ou qui supposaient des distinctions de naissance, ni aucune autre supériorité que celle des fonctionnaires publics dans l'exercice de leurs fonctions.

Il n'y a plus ni vénalité, ni hérédité d'aucun office public.

Il n'y a plus, pour aucune partie de la nation, ni pour aucun individu, aucun privilége ni exception au droit commun de tous les Français.

Il n'y a plus ni jurandes, ni corporations de professions, arts et métiers.

La loi ne reconnaît plus ni vœux religieux ni aucun autre engagement qui serait contraire aux droits naturels ou à la Constitution.

TITRE Ier. — *Dispositions fondamentales garanties par la Constitution.*

La Constitution garantit, comme droits naturels et civils :

1o Que tous les citoyens sont admissibles aux places et emplois, sans autre distinction que celle des vertus et des talents;

2o Que toutes les contributions seront réparties entre tous les citoyens également en proportion de leurs facultés;

3o Que les mêmes délits seront punis des mêmes peines, sans aucune distinction de personnes.

La Constitution garantit pareillement, comme droits naturels et civils :

La liberté à tout homme d'aller, de rester, de partir, sans pouvoir être arrêté, ni détenu que selon les formes déterminées par la Constitution ;

La liberté à tout homme de parler, d'écrire, d'imprimer et publier ses pensées, sans que les écrits puissent être soumis à aucune censure ni inspection avant leur publication, et d'exercer le culte religieux auquel il est attaché ;

La liberté aux citoyens de s'assembler paisiblement et sans armes, en satisfaisant aux lois de police ;

La liberté d'adresser aux autorités constituées des pétitions signées individuellement.

Le pouvoir législatif ne pourra faire aucunes lois qui portent atteinte et mettent obstacle à l'exercice des droits naturels et civils consignés dans le présent titre, et garantis par la Constitution : mais comme la liberté ne consiste qu'à pouvoir faire tout ce qui ne nuit ni aux droits d'autrui, ni à la sûreté publique, la loi peut établir des peines contre les actes qui, attaquant ou la sûreté publique ou les droits d'autrui, seraient nuisibles à la société.

La Constitution garantit l'inviolabilité des propriétés, ou la juste et préalable indemnité de celles dont la nécessité publique, légalement constatée, exigerait le sacrifice.

Les biens destinés aux dépenses du culte et à tous services d'utilité publique appartiennent à la nation, et sont dans tous les temps à sa disposition.

La Constitution garantit les aliénations qui ont été ou qui seront faites suivant les formes établies par la loi.

Les citoyens ont le droit d'élire ou de choisir les ministres de leurs cultes.

Il sera créé et organisé un établissement général de *secours publics*, pour élever les enfants abandonnés, soulager les pauvres infirmes, et fournir du travail aux pauvres valides qui n'auraient pas pu s'en procurer.

Il sera créé et organisé une *instruction publique*, commune à tous les citoyens, gratuite à l'égard des parties d'enseignement indispensables pour tous les hommes, et dont les établissements seront distribués graduellement dans un rapport combiné avec la division du royaume.

Il sera établi des fêtes nationales pour conserver le souvenir de la Révolution française, entretenir la fraternité entre les citoyens, et les attacher à la Constitution, à la patrie et aux lois.

Il sera fait un Code de lois civiles communes à tout le royaume.

II

LA LIBERTÉ EN FRANCE ET EN BELGIQUE

La France n'est point l'Angleterre, les Français ne sont point des Anglais; cet adage célèbre, et souvent invoqué, a toujours le plus grand succès auprès des hommes qui se piquent d'être patriotes, quand il s'agit d'éviter la liberté. D'où vient cette formule magique? J'imagine que c'est le débris d'un couplet aujourd'hui perdu de la fameuse complainte de La Palisse. Elle en a toute la profondeur et toute la portée.

Que les Français ne soient pas des Anglais, et que même il ne soit pas nécessaire qu'ils le deviennent, c'est là une idée hardie qui n'effrayera personne; mais jusqu'à ce qu'on ait prouvé que la liberté est anglaise, et non pas chrétienne, européenne, ou même humaine, on ne voit pas trop quelle peut être en politique l'utilité de cet axiome. Les Hollandais, les Belges, les Suisses, les Italiens ne sont pas des Anglais, et ils s'accommodent fort bien de la liberté. Nous n'en demandons pas davantage.

L'influence des races, exagérée outre mesure, est venue au secours d'un argument qui faiblissait. Mais cette influence, si reconnaissable qu'elle soit en mille détails, n'a rien à faire avec la liberté. Il est aisé d'en juger par ce qui se passe en Belgique. La moitié de la Belgique est française de race, de langage, d'idées et de sentiments ; cela n'empêche pas que depuis trente-trois ans elle ne vive en pleine liberté politique. Et non-seulement les Belges sont de race française, mais jusqu'en 1814 ils ont vécu sous les lois impériales ; nous les avons dressés à l'uniformité de l'administration, aux bienfaits de la centralisation.

Voilà l'école d'où sont sortis les Belges, pour se donner en 1830 une constitution libérale. Ils ont rompu avec la tradition française, ils ont imité les institutions de la libre Angleterre. Il est curieux de comparer le chemin qu'ont fait les Français et les Belges, et à quelle distance ils sont aujourd'hui les uns des autres.

J'emprunte cette comparaison à un excellent livre de M. Ducpétiaux, intitulé *Mission de l'État, ses règles et ses limites* (Bruxelles, 1861). J'ai retranché ou modifié quelques détails, je n'ai point touché au fond des choses.

I. — *Liberté religieuse.*

En France, on est encore au régime des religions d'État et des concordats. La liberté des cultes est limitée. Ils sont soumis à une surveillance qui dégénère trop souvent en arbitraire. Le droit d'ériger un édifice religieux, de s'y réunir, d'enseigner, de publier, de correspondre, de s'associer, de nommer aux divers ministères ecclésiastiques, est subordonné à l'autorisation du pouvoir civil. Les appels comme d'abus, et le vieil attirail de ce qu'on appelle encore les *libertés*, et que l'on pourrait nommer les *servitudes gallicanes*, continuent de fonctionner comme avant 1789.

En Belgique, la Constitution consacre la liberté religieuse et la liberté des cultes de la manière la plus absolue. Les Belges peuvent embrasser et professer toutes les croyances en suivant les inspirations de leur conscience. L'érection des édifices religieux, l'enseignement, les publications, les correspondances, les nominations, les associations sont entièrement libres dans la sphère religieuse. L'État ne peut y intervenir à aucun titre. Ainsi point de concordats, point de religions officielles, point d'appel comme d'abus. L'État se borne à allouer aux ministres des différents cultes une subvention en raison des services qu'ils sont appelés à rendre à l'ordre social.

II. — *Liberté d'association.*

En France, elle n'existe pas, en ce sens que toute réunion ou toute association est strictement soumise, sous des peines sévères, à l'autorisation préalable et à la surveillance de l'autorité[1].

En Belgique, les citoyens ont le droit de se réunir et de s'associer pour quelque but que ce soit, sans que l'autorité puisse intervenir, ni directement ni indirectement, pour régler, limiter, ou même surveiller l'exercice de ce droit.

III. — *Liberté d'enseignement.*

En France, bien que le monopole universitaire ait cessé d'exister à certains égards, l'enseignement privé est loin d'être libre.

La liberté de l'enseignement supérieur n'existe pas; celle de l'enseignement secondaire et primaire est soumise à plus d'une restriction.

En Belgique, la liberté d'enseignement existe sans conditions et sans limites. Tout individu, indigène ou étranger, peut ouvrir une école, donner un cours, monter en chaire, enseigner, catéchiser, prêcher, sans que l'autorité ait à se mêler de son enseignement, autrement que pour constater une offense ou un délit qualifié par la loi commune. Les institutions particulières ne sont soumises à aucun contrôle officiel.

Le clergé a fondé une université à Louvain, les libéraux en ont établi une à Bruxelles, en concurrence avec les universités de Gand et de Liége, qui appartiennent à l'État.

1. La loi de 1868 a permis certaines réunions. Mais c'est encore un droit bien incomplet.

IV. — *Liberté de la presse.*

En France, les journaux sont soumis à l'impôt du timbre, au cautionnement, à l'autorisation préalable du gouvernement, autorisation qui peut être refusée ou retirée au gré de l'administration. Le gérant et le rédacteur en chef doivent être agréés par l'administration. Les journaux sont incessamment sous le coup de l'avertissement, de la suspension, de la suppression, c'est-à-dire de peines administratives prononcées sans jugement par l'administration [1].

Les brochures de moins de dix feuilles [2] doivent être timbrées, si elles traitent de questions politiques ou d'économie sociale.

Nul ne peut exercer la profession de maître imprimeur (ni même de libraire), sans avoir obtenu un brevet qui peut lui être enlevé à volonté [3].

La loi, en établissant une solidarité complète entre l'auteur, l'éditeur et l'imprimeur, et en les punissant des mêmes peines, constitue en fait une censure d'autant

1. La loi de la presse de 1868 a supprimé l'autorisation préalable et la juridiction administrative; elle a conservé le timbre et le cautionnement. Elle n'en excepte que les deux *Moniteurs ;* on ne dit pas si c'est au nom de l'égalité devant la loi et des principes de 1789. (1868.)

2. Aujourd'hui il n'y a plus que les brochures de moins de six feuilles qui sont soumises au timbre. (1868.) Aujourd'hui le timbre est supprimé. (1871.)

3. Il n'y a plus de brevets d'imprimeurs ni de libraires. (1871.)

plus sévère que le nombre des imprimeurs est plus limité et que leur crainte d'être ruinés est plus grande.

En Belgique, la presse est entièrement libre et affranchie de toutes conditions préalables. Il n'y a ni timbre ni cautionnement. L'étranger, comme le Belge, peut fonder et rédiger un journal, une revue, publier un livre ou une brochure, sans même s'astreindre au dépôt, s'il ne croit pas utile d'assurer son droit de propriété.

La profession d'imprimeur, d'éditeur, de libraire, est assimilée à toutes les autres et jouit d'une entière liberté.

L'imprimeur et l'éditeur n'encourent aucune responsabilité quand l'auteur de la publication est ou peut être connu.

Les procès de presse sont rares; l'action du gouvernement en matières de poursuites est en quelque sorte tombée en désuétude. On s'accoutume de plus en plus à regarder la presse comme la lance d'Achille, qui guérit les blessures qu'elle a faites.

V. — *Liberté des théâtres.*

En France, les œuvres dramatiques sont soumises à une censure sans appel. Les théâtres sont des concessions privilégiées, que l'autorité peut accorder, suspendre ou retirer à volonté[1].

En Belgique, point de privilèges, point de censure, point d'autorisation préalable. Le théâtre est libre comme l'enseignement et la presse.

1. Aujourd'hui chacun peut ouvrir un théâtre. Reste la censure. L'industrie est libre, l'art ne l'est pas. (1868.)

VI. — *Liberté de travail, d'industrie et de commerce.*

En France, la législation de l'Empire subsiste, bien qu'adoucie à certains égards. Patentes, livrets, contrats d'apprentissage, dispositions relatives aux coalitions[1], octrois, monopoles du tabac, de la poudre, des cartes à jouer, etc.

En Belgique, les monopoles ont été abolis ; les octrois ont été supprimés, le contrat d'apprentissage est tombé en désuétude ; les coalitions ne sont plus poursuivies que lorsqu'elles se traduisent en actes de spoliation et de violence, et qu'elles portent atteinte à la liberté du travail en enchaînant la volonté des minorités.

VII. — *Liberté provinciale et communale.*

En France, l'administration des départements repose presque tout entière sur les préfets ; les conseils généraux n'émettent guère que des vœux ; les conseillers de préfecture, qui devraient constituer une espèce de délégation permanente, sont de simples agents de l'autorité centrale.

Le décret sur la décentralisation administrative du 25 mars 1852 s'est borné à substituer pour certains détails l'action directe du préfet à celle du ministre, mais sans rien ajouter aux attributions des conseils généraux.

Les communes sont des mineurs en tutelle ; le maire, nommé par le pouvoir, n'a pas même besoin de faire partie du conseil municipal. Le conseil municipal ne fait

1. Les coalitions ne sont plus défendues aujourd'hui. (1868.)

guère que voter un budget présenté par le maire; pour le reste, il exprime des vœux, et ne décide rien [1].

En Belgique, la province et la commune se gouvernent et s'administrent elles-mêmes. Leur autonomie existe de la façon la plus large, et n'est soumise à d'autres restrictions que celles que commandent l'unité nationale et l'intérêt général. Ce régime, consacré par les antiques traditions du pays, fonctionne régulièrement et laisse peu à désirer.

VIII. — *Justice administrative.*

En France, il y a une justice administrative (c'est dit-on, une conquête de la Révolution) qui statue sur les procès relatifs aux travaux publics, aux délits de voiric, aux marchés et entreprises passés avec les administrations centrales, départementales, etc.

En Belgique, il n'y a qu'une justice; tout est jugé par les tribunaux ordinaires. Il n'y a ni conseil d'État ni juridiction administrative.

IX. — *Responsabilité des agents du pouvoir.*

En France, depuis la Constitution de l'an VIII (art. 75), tous les agents du gouvernement, du département et des communes, depuis le préfet jusqu'au garde champêtre, ne peuvent être cités devant les tribunaux et jugés par eux pour des actes commis dans l'exercice ou à l'occa-

1. Tout ceci est heureusement changé aujourd'hui. V. Sup., ch. v. (1871.)

sion de l'exercice de leurs fonctions, sans une autorisation préalable du conseil d'État[1].

C'est l'administration dominant la justice.

En Belgique, la Constitution (art. 24) décide expressément que nulle autorisation préalable n'est nécessaire pour exercer des poursuites contre les fonctionnaires publics, pour faits de leur administration.

C'est la justice dominant l'administration.

X. — *Inamovibilité de la magistrature.*

En France, les magistrats sont inamovibles, mais ils sont nommés par le pouvoir; leur avancement dépend du gouvernement.

En Belgique, les juges sont nommés à vie sur la présentation de listes de candidatures, listes dressées par les conseils provinciaux et les cours d'appel, en ce qui concerne les membres de ces cours, les présidents et vice-présidents des tribunaux de première instance; par le Sénat et la Cour de cassation, en ce qui concerne la nomination des conseillers de la Cour de cassation.

M. Ducpétiaux n'a pas poussé plus loin la comparaison; il n'a pas touché au régime politique. Là, l'opposition des deux pays n'est pas moins sensible.

En France, un Corps législatif qui n'a ni l'initiative, ni le droit d'interpellation, ni le droit de recevoir des pétitions; des ministres qui ne font pas partie des Chambres et qui ne sont responsables

1. Supprimé aujourd'hui. (1871.)

qu'envers l'empereur; un Sénat élu par le gouvernement, un Conseil d'État qui prépare et défend des lois[1].

En Belgique, une Chambre de députés dont rien ne gêne l'influence, des ministres pris dans les Chambres et responsables devant elles, un Sénat élu, et point de Conseil d'État.

En France, le gouvernement contrôlé par les Chambres, mais soustrait à leur influence, ou plutôt les dominant, et faisant, sans les consulter, la paix, la guerre et les traités de commerce[2].

En Belgique, un gouvernement qui marche avec les Chambres et par les Chambres; en un mot, ce qu'autrefois en France on appelait un gouvernement constitutionnel.

Quel est celui de ces deux régimes qui se rapproche le plus des principes de 1789? Quel est celui qui convient le mieux à la société moderne? C'est au lecteur à en décider. Ma conclusion sera la phrase de Gœthe, que j'ai donnée pour épigraphe à mon livre : *Le meilleur gouvernement est celui qui apprend aux hommes à se gouverner eux-mêmes.*

1. Tout ceci n'existe plus. (1871.)

2. Tout ceci a cessé d'exister. Nous sommes en pleine possession d'un gouvernement libre. Saurons-nous en user? (1871.)

III

PRÉFACE DE LA SEPTIÈME ÉDITION[1].

C'est en 1863, au lendemain des élections de Paris, que j'ai écrit ce petit livre. Mon intention, je l'ai dit en maint endroit, n'était nullement d'offrir au public un nouveau système de politique. Les théories et les théoriciens ont été depuis quatre-vingts ans le fléau de la France; je voulais simplement rassembler en quelques pages, et mettre à la portée de tous les lecteurs, les faits acquis, les vérités d'expérience qui sont aujourd'hui le commun patrimoine des peuples libres. Dire comment en Angleterre, aux États-Unis, en Hollande, en Suisse, on entend et on pratique la liberté, montrer qu'en tous ces pays, petits ou grands, les conditions et les garanties de la

1. J'ai conservé cette préface, parce qu'elle n'a pas seulement un intérêt historique; j'y défends en plus d'un passage les vrais principes constitutionnels, trop longtemps niés sous l'Empire, et reconnus trop tard. (1871.)

liberté sont les mêmes; prouver enfin, par l'exemple, que ces institutions, qui nous manquent, sont la gloire de la civilisation moderne, qu'elles seules font la grandeur morale et la prospérité matérielle des États et des individus, telle était mon ambition. Il y avait là, selon moi, un devoir à remplir. Rédiger un manuel populaire, donner le programme de la démocratie industrieuse, pacifique et libérale, n'était-ce pas rendre service à un peuple qui depuis vingt ans n'a rien appris et tout oublié?

A en juger par l'accueil que lui a fait le public, mon travail n'a pas été inutile. Dix mille exemplaires vendus en cinq ans me permettent de croire qu'on a lu mon programme libéral, et que les idées qu'il expose font peu à peu leur chemin.

Ce n'est pas seulement à mes concitoyens que j'adressais ce livre; je voulais arriver jusqu'au gouvernement et l'éclairer sur ses véritables intérêts. Non pas que j'aie la simplicité de croire que nos hommes d'État s'inquiètent beaucoup de mes conseils. Étranger à tous les partis, et n'ayant d'autre désir que de les rallier tous sur le terrain de la liberté, je ne suis ni une force, ni un danger pour personne. On n'a rien à craindre, ni à espérer de moi; c'en est assez pour qu'en haut lieu on dédaigne de m'écouter, alors même que j'aurais cent fois raison. Mais aujourd'hui, en faisant appel à l'opinion, il n'y a pas de citoyen, si humble qu'il soit, qui ne puisse peser sur le gouvernement; c'était là mon espoir. L'empire ne repose pas sur le droit divin ; il est sorti de l'élection populaire, il est forcé de compter avec le pays. L'opinion le porte, il ne peut sortir de ce milieu qui le soutient. Aussi toute les fois qu'il y aura dans l'opinion un courant prononcé, ce courant entraînera-t-il avec lui le gouvernement, quoi qu'il fasse. Où prendrait-il un point d'appui pour résister ?

En 1863, les élections de Paris indiquaient nettement que le flot libéral reprenait son cours ; c'était là un avertissement qu'une politique habile n'eût pas négligé. Il est aisé de crier après le despotisme de Paris, on aura toujours des journaux officieux pour remplir cette honnête besogne. On peut même, avec la connivence des Chambres, réduire les Parisiens à l'ilotisme municipal, en les dépouillant contre toute justice, du droit de voter et de répartir l'impôt que seuls ils payent ; mais, par la nature même de sa population, Paris n'en est pas moins la tête et le cœur de la France. Entre l'opinion de Paris et celle de la province, la différence n'est qu'une question de temps. Il n'était donc pas besoin d'être prophète pour annoncer en 1863 que si on ne modifiait pas le système, les élections de 1869 seraient une crise pour la France et pour le gouvernement.

Convaincu de cette vérité, j'ai répété sur tous les tons que le moment était venu pour l'empire de changer de caractère et de revenir à la liberté. J'ai ajouté que c'était un de ces instants solennels qui ne se présentent pas deux fois dans un règne, et qui décident de l'avenir. On ne m'a pas écouté ! On s'est entêté dans une politique de résistance qui a déjà perdu deux gouvernements; où en est-on arrivé? A-t-on, oui ou non, commis des fautes regrettables? Les difficultés ont-elles diminué? L'opposition a-t-elle gagné ou perdu? Ne s'est-elle pas grossie de toutes les générations nouvelles qui, en arrivant à la vie publique, s'étonnent que la France ne soit pas au premier rang des États libres? Innocentes du passé, elles réclament contre la confiscation de leurs droits. Refusera-t-on longtemps encore d'écouter la voix du pays, qui réclame la restitution de ses libertés? Non. Aujourd'hui la lumière est faite; on aura beau entasser les discours ministériels, multiplier les journaux timbrés, ou non timbrés, on ne donnera pas le change à l'opinion. La France veut avoir entre les mains l'administration et le contrôle de ses propres affaires: ce qu'elle veut, elle l'aura.

Ce n'est pas que le gouvernement n'ait rien fait depuis 1863. Loin de moi cette accusation injuste. En lisant les notes que j'ai jointes à mon programme, on verra que sur un certain nombre de points le gouvernement a adopté les idées que je défends. Mais l'hésitation, le mauvais vouloir, les chicanes ont gâté la plupart de ces concessions. Je ne vois guère que l'abolition de la contrainte par corps qui ait été virilement défendue et franchement exécutée. Il semble qu'en rétablissant la liberté, qu'en nous rendant nos droits, le pouvoir se sente affaibli et menacé. Dès qu'il n'a plus la dictature, il tremble.

Est-ce avec cette timidité qu'on enlève l'opinion chez un peuple généreux et confiant ?

Et que dirai-je de ces retours à la compression et au silence, qui affaiblissent le gouvernement au dehors sans le fortifier au dedans? Qu'est-ce, par exemple, que le droit d'interpellation, tel qu'on l'a réglé? Est-ce la reconnaissance du droit qui appartient aux représentants de la France? Est-ce, au contraire, une concession illusoire, faite pour masquer le retrait de l'adresse? J'ai peu de goût pour l'adresse que chaque année votaient les Chambres; je cherche encore à quoi servent ces discussions générales qui n'aboutissent à rien, et dans lesquelles le ministère et l'opposition dépensent stérilement une éloquence qui serait mieux employée à défendre les intérêts du pays. La moindre loi qui restitue une liberté, et fait rentrer l'administration dans ses limites naturelles, vaut mieux pour moi que tous ces tournois d'avocats. Si l'on avait accordé le droit d'interpellation pur et simple sur toute demande signée de cinq ou six membres, la Chambre restant maîtresse de fermer la discussion, j'aurais vu sans regret la suppression de l'adresse. Mais étouffer la seule discussion où l'opposition puisse faire valoir librement ses griefs, et, en même temps, remettre à la majorité le droit d'autoriser l'interpellation, qu'est-ce autre chose que d'imposer à la minorité un silence forcé? Dans cette voie même le gouvernement a été plus loin que peut-être il n'a voulu. En mêlant la majorité à la demande d'interpellation, il se compromet sans nécessité et prend inutilement une situation subordonnée. Quand l'interpellation est libre, elle n'engage que celui qui la fait : mais quand il y faut l'aveu de la majorité, l'autorisation n'est plus une formalité sans conséquence, c'est un commencement d'approbation. Dès que l'autorisation est accordée, le gouvernement est en échec ; on peut croire qu'il a contre lui le sentiment de la majorité. S'il n'est point accusé, au moins est-il mis en suspicion, et obligé de se défendre contre une opposition qui n'a pas besoin de se produire au grand jour. Supprimer l'adresse pour en arriver là, c'est une triste invention ; elle fait peu d'honneur à l'habileté de nos hommes d'État.

J'en dirai autant du sénatus-consulte qui interdit de discuter la Constitution à la tribune et dans les journaux. En décrétant la Constitution, le 14 janvier 1852, le président de la République adressait solennellement au peuple français les paroles suivantes :

« L'Empereur disait au Conseil d'État : « *Une Constitution est l'œuvre du temps, on ne saurait laisser une trop large voie aux améliorations.* » Aussi la Constitution présente n'a-t-elle fixé que ce qu'il était impossible de laisser incertain. Elle n'a pas enfermé dans un cercle infranchissable les destinées d'un grand peuple ; elle a laissé aux changements une assez large voie pour qu'il y ait, dans les grandes crises, d'autre moyen de salut que l'expédient désastreux des révolutions.

« Le Sénat peut, de concert avec le Gouvernement, modifier tout ce qui n'est pas fondamental dans la Constitution ; mais quant aux modifications apportées aux bases premières, sanctionnées par vos suffrages, elles ne peuvent devenir définitives qu'après avoir reçu votre ratification.

« Ainsi le peuple entier reste toujours maître de sa destinée. Rien de fondamental ne se fait en dehors de sa volonté. »

Ces paroles, qui sont le préambule et le commentaire de la Constitution qui nous régit, prennent une gravité particulière quand on se reporte à leur date. Le coup d'État du 2 décembre 1851 a été fait pour renverser une Constitution qui, en gênant le droit de révision, asservissait la volonté du peuple à celle d'une Assemblée, et empêchait la France de réformer librement ses institutions. C'est à ce titre qu'on s'est glorifié *d'être sorti de la légalité pour rentrer dans le droit*, doctrine dangereuse, pour le dire en passant, et qui légitime toutes les révolutions, pourvu qu'elles réussissent.

Maintenant je le demande à quiconque prendra la peine de réfléchir. Une Constitution qu'on ne peut pas discuter est-elle autre chose qu'une Constitution qu'on ne peut pas réformer? S'il est interdit d'éclairer le pays et de le mettre à même de connaître ses plus grands intérêts, si l'opinion n'a pas d'organe, si la France n'a aucun moyen de manifester sa volonté, est-il vrai de dire que le peuple reste toujours maître de ses destinées? La Constitution n'est-elle pas aujourd'hui un livre fermé, un de ces oracles sibyllins qu'un Dieu seul a droit de prononcer, et qui ne laissent aux faibles mortels d'autre privilége que celui de se taire et d'obéir?

A cette objection capitale on fera deux réponses. Le sénatus-consulte n'empêche nullement de discuter la Constitution dans un livre. Le rapport qui le précède est formel sur ce point. D'un autre côté, le Sénat, de concert avec le gouvernement, peut toujours modifier ce qui n'est pas fondamental dans la Constitution.

Quelle est la valeur de ces deux arguments?

Interdire la discussion à la tribune et dans les journaux, et la permettre dans les livres, en droit c'est la limiter, en fait c'est l'étouffer. Combien y a-t-il de gens qui aujourd'hui étudient un ouvrage sérieux, et qui donc écrira un ouvrage que personne ne lira? D'ailleurs quand un nouveau Montesquieu publierait un nouvel *Esprit des lois*, à quoi cela servirait-il, si les vérités qu'il met en lumière ne peuvent être répandues et disséminées ni par la parole publique, ni par les journaux?

Vous démontrez qu'un conseil d'État législateur est un legs de l'ancienne monarchie et de l'absolutisme impérial; vous établissez que dans une démocratie qui fait elle-même ses affaires, cette institution est une anomalie, puisqu'elle subordonne les mandataires du pays, organes de la volonté nationale, à des fonctionnaires que le peuple n'a pas choisis et qu'il ne connaît pas. Des principes vous passez à l'application. L'expérience de l'Angleterre et de tous les États libres vous aide à prouver qu'une loi, tombée d'en haut et préparée dans l'ombre, n'est pas viable parce qu'elle est sans racine dans les mœurs et qu'elle prend le pays par surprise. C'est la discussion des journaux, ce sont les réunions, les pamphlets et les pétitions qui chez nos voisins font l'éducation du peuple, et lui permettent d'être son propre législateur. L'opinion fait les lois, le Parlement les sanctionne. Entre le pays et ses représentants il n'y a de place pour personne. Le temps des Lycurgues et des Solons est passé; ou plutôt ces Lycurgues improvisés ne sont qu'une gêne et un embarras pour un peuple qui n'a plus besoin de tuteur. Le gouvernement lui-même a tout intérêt à se trouver face à face avec les mandataires de la volonté nationale et à traiter directement avec eux. Voilà ce qu'enseigne l'expérience, voilà ce qui intéresse la France entière; mais en vertu du sénatus-consulte, voilà ce qu'il vous est défendu de dire ailleurs que dans un livre. Dépensez deux ou trois mille francs pour mettre dans un volume que l'Angleterre et les États-Unis n'ont pas de conseil d'État, que la Belgique l'a supprimé comme une superfétation dangereuse, que l'Espagne va l'abolir, ajoutez même, si vous voulez, qu'il n'y a plus d'institution analogue qu'en Russie, c'est fort bien; c'est de la science, c'est une vérité cachée et que personne n'ira déterrer. Mais si, remplissant le premier devoir du citoyen, vous voulez faire passer cette vérité dans les faits, en lui conquérant l'opinion par les journaux, vous êtes un séditieux que le sénatus-consulte réduit au silence. Ce qui est un droit pour l'auteur d'un livre est un délit pour le journaliste; la vérité est innocente quand on la noie en deux cents pages, elle est criminelle quand on en concentre l'essence dans un article. Et nous nous moquons des Byzantins!

Mais, dit-on, le Sénat est là ; il peut toujours modifier la Constitution, de concert avec le gouvernement. La porte est ouverte à toutes les améliorations.

Je sais que l'acte du 14 janvier 1852 donne au Sénat un pouvoir constituant; je ne conteste point la légalité de ce pouvoir ; mais on m'accordera que le décret impérial qui nomme un sénateur ne lui confère ni l'infaillibilité ni la science universelle. Plus les attributions du Sénat sont considérables, plus elles touchent aux grands intérêts du pays, et plus le Sénat a besoin d'être éclairé. La Constitution en fait un des représentants de la nation : il faut donc qu'il connaisse à toute heure les idées, les désirs, les volontés de la nation. Comment les connaîtra-t-il si la tribune et la presse sont muettes? Un député est en communication constante avec ses électeurs ; l'approche des élections le force à se retremper dans le courant populaire ; mais le Sénat, qui n'est pas nommé par le peuple, qui ne dépend de personne, qui ne reçoit point de mandat, et qui cependant a le pouvoir de remanier la Constitution, comment saura-t-il ce que la France désire, si la France n'a pas le droit de parler?

Prenons un exemple. En Angleterre, aux États-Unis, en Belgique, en Hollande, en Suisse, l'initiative appartient aux Chambres ; elles reçoivent des pétitions, elles nomment elles-mêmes leur bureau, on ne peut faire la guerre sans leur concours, on ne peut mettre une province en état de siége sans leur aveu : voilà des prérogatives essentielles dont les représentants de la nation jouissent dans tous les pays qui se gouvernent eux-mêmes; c'est le droit commun de la liberté. Ces prérogatives, qui étaient celles du peuple français, depuis 1830, la Constitution de 1852 nous les a enlevées. Qui peut dire que la France de 1868 ne les regrette pas? Supposons que ce regret existe, et que la nation s'enflamme pour ces réformes constitutionnelles, quand et comment le Sénat et le gouvernement en seront-ils instruits? Quand il sera trop tard. On aura soigneusement étouffé la voix des journaux, les plaintes de la tribune, mais un beau jour on sera surpris par le mécontentement populaire; on aura une explosion électorale. Que fera-t-on ce jour-là?

Si le silence forcé de la tribune et des journaux expose le Sénat et le gouvernement à ignorer ce que demande le pays, il les expose bien plus encore à mécontenter l'opinion par des réformes, qui, pour être légales, n'en seront pas moins considérées comme une atteinte aux droits de la nation. La Charte de Louis XVIII avait son article quatorze qui a longtemps pesé sur la France, comme une menace; c'est cet article qui a trompé la monarchie légitime, et qui l'a perdue. La Constitution de 1852 contient des dispositions non moins périlleuses : ce sont les articles 27 et 31 qui permettent au Sénat d'interpréter et de modifier l'acte fondamental, de concert avec le gouvernement, il est vrai, mais sans consulter la nation. Quand on marche dans le sens de l'opinion, cette prérogative n'inquiète personne, hormis quelques théoriciens qui se préoccupent de l'avenir; mais le jour où le pays se croit attaqué dans sa liberté, cette prérogative est une faiblesse et un danger pour le gouvernement. Il est telle réforme qui, à un moment donné, peut avoir toute la gravité d'un coup d'État.

On oublie vite en France; peu de gens se souviennent que la Constitution de l'an VIII, le modèle de la nôtre, a été bouleversé à coups de sénatus-consultes, jusqu'à ce qu'on en eût effacé les derniers vestiges d'une liberté plus apparente que réelle. Le premier Napoléon ne respira que lorsqu'il eut brisé toute barrière légale, et foulé aux pieds les droits du peuple qui l'avait élu. Aujourd'hui le pouvoir est plus sage, et peut-être le peuple français est-il moins confiant; mais il n'en est pas moins vrai que la Constitution est à peu près la même; on peut tout faire avec des sénatus-consultes. La Constitution de 1852 ne garantit que l'irresponsabilité des ministres, l'existence du conseil d'État et des deux Chambres, et la nomination du Corps législatif par le suffrage universel. Tout le reste, et ce reste contient les droits les plus essentiels, est indéfiniment modifiable. Légalement parlant, tout ce qu'il y a de liberté en France est précaire, et ne subsiste que par la tolérance du gouvernement et du Sénat. Quand on a un pouvoir aussi énorme, et quand ce pouvoir repose sur une base aussi mouvante que le suffrage universel, est-il prudent de rompre avec l'opinion, et de se réduire à sa propre sagesse? N'est-il point nécessaire de tâter sans cesse le pouls de la France et d'en sentir les moindres vibrations? Un empire démocratique peut-il subsister autrement qu'en étant l'organe perpétuel des idées et des volontés populaires? Poser ces questions, c'est les résoudre. La pleine liberté de la tribune et de la presse n'est pas moins nécessaire au gouvernement qu'au pays. Mais que penser alors de cet acte violent qui brise le fil électrique, et coupe toute communication entre le prince et le peuple?

Un exemple fera comprendre ce qu'il y a de dangereux et de trompeur dans ces mesures qui, pour éviter un ennui passager, un inconvénient visible, faussent la Constitution, et font un mal d'autant plus grand qu'il est plus caché. En déclarant que le chef de l'État est seul responsable, la Constitution ne le découvre que trop; il semble que tout l'effort des amis du gouvernement devrait être de protéger le prince, et de ne pas amasser sur une seule tête tous les mécontentements populaires. La discussion de la Constitution était un excellent dérivatif. En pareil cas on discute le droit, non pas l'homme, et l'on peut, d'un commun accord, modifier les institutions sans affaiblir l'autorité. En ce moment, où l'incertitude paralyse les affaires, où le travail s'arrête, ne serait-il pas heureux qu'on discutât la responsabilité des ministres, et même l'article qui permet au chef de l'État de déclarer la guerre, sans prendre l'avis des Chambres? Cette discussion, qui intéresserait toute l'Europe, ne permettrait-elle pas à la France de faire prévaloir sa volonté et de donner la paix au monde sans amoindrir et sans humilier personne? Le sénatus-consulte interdit à la tribune et aux journaux d'aborder ce problème constitutionnel. Quel est l'effet de cette interdiction? C'est qu'on s'en tient à la lettre de la Constitution, on s'en prend directement au chef de l'État. Seul chargé des destinées de la France, il porte un poids énorme et redoutable; il tient dans ses mains la fortune ou la ruine du pays. Franchement, est-ce là une bonne situation? Je vois bien que, grâce au sénatus-consulte, les ministres, délivrés d'une critique qui les gêne, jouissent en paix de leur irresponsabilité, comme font les autres avocats; mais ne vaudrait-il pas mieux qu'ils fussent un peu plus responsables, et que le chef de l'État fût moins exposé? Tout le monde ne gagnerait-il pas à cette réforme, à commencer par le gouvernement?

Venons maintenant à des mesures inspirées par un meilleur esprit.

La lettre du 19 janvier, qui promettait la liberté de la presse et le droit de réunion, a été favorablement accueillie par l'opinion. Si les gens d'un âge mûr, qui ont vécu en pleine liberté, ont été médiocrement touchés de cette incomplète restitution de nos droits, les générations nouvelles, qui ne connaissent le régime constitutionnel que par oui-dire, ont été reconnaissantes de cette concession; elles y ont vu la fin de l'arbitraire, l'aurore d'un jour meilleur. L'effet produit a été tout à l'avantage du gouvernement.

Mais comment a-t-on tenu cette promesse impériale?

On a oublié le proverbe : *Bis dat qui citò dat;* on a fait attendre la France toute une année. Si l'on avait voulu lui faire sentir qu'il y a plus d'une influence dans le gouvernement et qu'on peut paralyser la volonté même de l'empereur, s'il se permet d'être libéral, aurait-on agi autrement? Loin d'être poussé en avant par les ministres, le Corps législatif a été encouragé à la résistance. La loi votée a été moins large que la loi présentée.

Le Corps législatif, rendons lui cette justice, a effacé dans les deux lois une disposition détestable, la privation des droits politiques. C'était une confiscation, et il ne faut jamais exposer les gouvernements et les partis à cette terrible tentation. On aigrit ainsi les plus mauvaises passions du cœur humain. Mais en revanche, dans la loi de la presse, on a rétabli la prison, on a maintenu les brevets d'imprimeur et de libraire; on a été plus craintif et moins libéral que le pouvoir.

C'est au nom de l'égalité qu'on a rétabli la prison, et il s'est trouvé des députés de la gauche pour appuyer ce prétendu retour au droit commun. En vérité, c'est se payer de mots. Est-ce que les délits de la presse sont une atteinte à la propriété ou à la vie des citoyens? Ne sont-ce pas, la plupart du temps, de purs délits politiques, hérésies aujourd'hui, vérités demain? Et, avec le régime des journaux, n'est-ce pas sur le gérant, presque toujours innocent, que tombe cette peine que le vrai coupable subit par procuration? A quoi bon blesser ainsi la conscience publique? On croirait que le Corps législatif a cédé à cette haine des journaux qui est la passion des petits esprits. Messieurs les députés n'en sont pas encore arrivés à comprendre qu'eux aussi sont justiciables de l'opinion. Chez un peuple libre, il y a un procès toujours ouvert; les journalistes plaident, le pays prononce. On demande avec dédain : qui donc a donné mandat à ces folliculaires? La réponse est aisée : Personne. Ils parlent en vertu du droit qui appartient à tout citoyen. La chose publique est la chose de chacun et de tous.

Quant au brevet d'imprimeur, sur quoi se fonder pour maintenir ce triste monopole? La loi, telle qu'on l'avait présentée, était une satisfaction donnée à la justice, c'était l'abolition d'un privilége que rien n'excuse. Est-ce que la liberté du travail, de commerce et d'industrie n'est pas un de ces grands principes de 1789 que, dans son premier article, la Constitution reconnaît, confirme et garantit comme étant la base du droit public des Français? En outre, s'il est, parmi les ouvriers des villes, une classe intelligente que le gouvernement ait intérêt à ménager, c'est assurement celle des typographes. Par leur éducation, et par le milieu où ils vivent, les imprimeurs exercent autour d'eux une influence légitime. Les condamner à ne jamais s'élever, est-ce d'une bonne politique? — Il y avait, dit-on, des droits à ménager. — Je n'ignore pas que tout monopole élève cette prétention pour se couvrir, mais en pareil cas, la route est tracée. On supprime le privilége, on charge une Commission ou la Chambre de régler la question d'indemnité. Le monopole sera-t-il plus facile à détruire demain parce qu'on l'aura respecté aujourd'hui?

Qui a ressuscité les brevets de libraire, au mépris des principes de 1789? C'est la police du premier Empire, autorité suspecte assurément. Les brevets de libraire datent d'un régime qui avait horreur de l'imprimerie, et qui rêvait de confisquer la pensée. Mais aujourd'hui on ne peut plus songer à étouffer la presse, il faut vivre avec elle; tout ce qu'on a droit de faire, c'est de soumettre l'écrivain à une responsabilité légitime. La liberté de la librairie est le plus sûr moyen d'assurer cette responsabilité, et en ce sens, elle est chose avantageuse au gouvernement. C'est le moyen d'affaiblir et de supprimer le colportage, en répandant de bons livres jusque dans le village le plus reculé. La commission de colportage estampille des livres niais et ridicules, pour ne rien dire de plus; elle croit protéger le peuple en l'abêtissant; mais voit-elle ce qu'il y a au fond du sac que le colporteur traîne avec lui? Peut-elle empêcher les abus d'une vente que rien ne contrôle? Sait-elle ce que devient le marchand inconnu qui en passant dans la campagne y laisse des livres licencieux? Le libraire ne peut échapper à la loi; il est sédentaire, et s'il oublie le respect qu'il doit à l'honnêteté public, il y a des mères pour se plaindre, des magistrats pour punir. Sa responsabilité est de tous les instants. Qui donc empêche d'établir cette liberté salutaire? Rien, sinon que toute liberté diminue l'importance des bureaux. On ne tiendrait plus dans sa main les cabinets de lecture et les kiosques. C'est à cette tyrannie bâtarde qu'il faut sacrifier la moralité publique et le droit des citoyens.

Cette loi de 1868 a eu le mérite d'en finir avec l'autorisation préalable, les avertissements, les suspensions et les suppressions sans jugement; c'est un progrès sans doute, mais un progrès relatif. La Constitution de 1852 et les décrets qui l'ont précédée nous ont fait reculer d'un demi-siècle. On a cru logique de ressusciter les institutions du premier Empire, sans tenir compte de trente-sept ans de liberté et du changement complet que la science, la presse, le commerce et l'industrie ont apporté dans les mœurs, les idées, les besoins de la France. Cette restauration n'a pas été plus heureuse que les autres. Malgré les dithyrambes officieux ou officiels, on sent aujourd'hui qu'on a fait fausse route, on en revient au règne de la loi. Sortir de l'arbitraire, c'est avancer, sans doute; mais ce n'est pas regagner le terrain perdu. Nous sommes encore de cinquante ans en arrière. La France de 1819 avait des garanties que n'a pas la France de 1868. Qu'est-ce qu'une loi de la presse qui n'établit pas la juridiction du jury? A-t-on oublié qu'en 1817 des conservateurs aussi décidés que Camille Jordan et Royer-Collard réclamaient pour le jury, c'est-à-dire pour la société elle-même, le droit de juger ces procès politiques où la liberté est toujours engagée? A-t-on oublié qu'aux applaudissements du pays tout entier, M. de Serres, le garde des sceaux, rejetait la juridiction de la police correctionnelle, par ces raisons qui n'ont pas vieilli :

« L'indépendance et l'impartialité sont sans doute le premier besoin des magistrats; le ministère, le gouvernement, ne remet pas en question l'indépendance des juges actuels; mais ce n'est pas tout que le gouvernement soit convaincu de cette indépendance, il faut que le public ait la même opinion. *Personne ne fera croire au public qu'un juge correctionnel, qu'un conseiller même, n'ont rien à espérer du gouvernement, et par suite, rien à craindre. Il y croit d'autant moins que les juges étant un des pouvoirs de la société, et ayant, dans les délits de la presse, à punir, pour l'ordinaire, des attaques contre le pouvoir, ils sont juges dans leur propre cause* [1]. »

C'est ainsi que raisonnaient les ministres de la monarchie légitime en un temps où ils faisaient l'effort

1. Discours du garde des sceaux. *Séance du 26 août* 1819.

le plus sincère pour fonder en France un gouvernement libre et constitutionnel. Ils n'ont pas laissé de successeurs, mais leurs paroles nous restent comme un perpétuel avertissement. Voilà l'héritage de libertés que nous avons reçu de nos pères, que laisserons-nous à nos enfants?

La loi qui règle le droit de réunion n'a pas, comme la loi de la presse, à redouter de fâcheuses comparaisons. Otez la défense de se réunir dans les cinq jours qui précèdent l'élection, la nouvelle loi est au moins aussi libérale que ses devancières monarchiques, ce qui, du reste, n'est pas beaucoup dire. Mais, tout en lui rendant cette justice, je suis forcé d'ajouter qu'on a gâté la loi par des restrictions inutiles, ou pour mieux dire par des restrictions qui vont directement contre le but qu'on s'est proposé. Je suppose qu'on a voulu faire l'éducation des citoyens, en les habituant à s'occuper un peu des affaires communes. Voyons si l'on a réussi.

Pourquoi interdire les réunions religieuses? Est-ce pour protéger une Église de préférence à d'autres? Cela n'est plus de notre temps. Est-ce pour défendre la religion contre les attaques de l'impiété? Mais il y a des lois pour punir l'injure et la violence. S'il y a des gens qui abusent de la liberté, ce n'est pas une raison pour étouffer la voix de ceux qui en useraient et qui ont le droit d'en user.

Non, dira-t-on; cette interdiction est toute politique. On veut éviter le trouble des esprits, maintenir la paix, protéger l'ordre public. — Le prétexte est spécieux, mais au fond, qu'est-ce que cela veut dire? On craint qu'en certaines provinces, dans le Midi, par exemple, une majorité fanatique ne vienne troubler la réunion d'une minorité paisible. Et au lieu de s'en remettre à la justice pour frapper les perturbateurs, on leur sacrifie les droits de la minorité. Pour éviter l'abus possible du nombre et de la force, on n'imagine rien de mieux que de donner raison par avance à ceux qui ont tort. Comment donc s'y prendrait-on pour encourager l'intolérance et l'oppression?

Mais l'ordre public est-il menacé par les réunions religieuses? N'est-ce pas là une de ces craintes ridicules qu'évoque l'administration, pour nous marchander la restitution de nos libertés? Ne commence-t-on pas toujours par nous déclarer incapables d'exercer nos droits, afin de les confisquer sans scrupule? En Angleterre, en Amérique, en Hollande, partout où la liberté religieuse est pleinement reconnue, les Églises en usent sans trouble. La pratique de la liberté amène une tolérance générale. On se souffre mutuellement parce qu'on se gêne plus mutuellement. Je ne prétends pas qu'il n'y aura jamais un désordre partiel; qui peut répondre des passions humaines, et surtout du fanatisme? mais je dis que pour tout croyant éclairé, pour tout vrai libéral, il n'y a pas de plus grand désordre religieux et moral que ce silence imposé à la vérité, que cette violence faite à l'apostolat. Toute religion est faite pour se répandre; aucun gouvernement n'a le droit d'en arrêter la propagation par la parole. J'ajoute que s'il ne considérait que son propre intérêt, tout gouvernement devrait favoriser cette liberté par-dessus toutes les autres. Quand le pouvoir s'en mêle, les questions religieuses se transforment en questions politiques : l'athéisme n'est souvent qu'une forme d'opposition, une protestation contre l'alliance de l'Église et de l'État ; mais là où la liberté est entière, les questions religieuses occupent les esprits dans le sanctuaire et pacifient la politique. Il y a des milliers d'hommes et de femmes que la religion touche infiniment plus que les agitations de la presse et de la tribune, et qui soutiennent volontiers un gouvernement sous lequel ils jouissent en paix de leur culte et de leur foi. Qu'on voie, par exemple, quelle est l'attitude des Israélites en France? A l'étranger, partout où on les persécute, on s'en défie ; on les regarde comme un danger pour la société. Chez nous, quel est le gouvernement qui a jamais eu à s'en plaindre? La plupart sont des conservateurs, il n'y en a pas un qui ne soit dévoué à la France et à ses institutions.

Quant aux réunions politiques, on comprend que le souvenir des clubs révolutionnaires ne leur soit pas favorable. On ne réfléchit pas que la réunion accidentelle et qui a un objet déterminé est justement le contraire, et je dirai presque l'antidote des clubs. Ce n'est pas une chambre au petit pied qui se nomme elle-même, et se donne pour mandat de juger et de dénoncer le gouvernement et les Chambres ; la réunion n'est pas une autorité politique, elle n'affiche pas l'orgueilleuse prétention de représenter le peuple souverain. C'est tout simplement un concours de citoyens qui s'assemblent à un jour donné pour examiner une seule question, et la recommander à l'attention publique. Combien n'y a-t-il pas de ces questions politiques qui sont sans danger pour le gouvernement, puisque après tout elles lui permettent d'étudier l'opinion avant de prendre un parti. Quand on discuterait demain la séparation de l'Église et de l'État, l'émancipation des communes, la responsabilité des ministres, l'abolition de l'article 75 de la Constitution de l'an VIII, abolition promise en 1815 par l'*Acte additionnel*, et que nous attendons encore, en quoi ces discussions menaceraient-elles le gouvernement? Il est dans une région supérieure, contre un arbitre suprême qui attend pour juger que tous les avocats aient plaidé devant lui. Tant qu'on n'est pas d'accord, tant que les partis se font équilibre, il n'a pas à se mêler du débat; le jour où la France se prononce, il est l'organe et le représentant du pays. Y a-t-il un rôle à la fois plus facile et plus grand?

Les Anglais l'ont senti; il n'y a pas un ministre qui ne se fasse gloire d'être le serviteur et l'interprète de l'opinion ; aussi n'en est-il pas un seul qui se plaigne des réunions publiques, elles travaillent pour lui. Mais ce rôle est trop modeste pour la vanité française. On n'est pas au pouvoir pour consulter le peuple et lui obéir, on est au pouvoir pour lui imposer des volontés qui ne sont pas les siennes, pour le plier à des desseins qu'il ne connaît pas. Depuis quatre-vingts ans, la France a vu bien des gouvernements : en est-il un seul qui ait eu pour l'opinion la déférence que lui témoignent les aristocrates d'Angleterre? Les plus populaires n'ont pas été les moins absolus. C'est chose recue en France, que tout gouvernement est infaillible de naissance, il ne veut pas d'une discussion qui ne peut enfanter que le doute et l'hérésie. La critique l'agace, les journaux l'irritent, les réunions l'inquiètent, et, chose triste à dire, il est soutenu par une foule d'honnêtes gens qui pensent encore que la suprême sagesse est d'imposer silence à un peuple turbulent. Quand nous serons un peu plus éclairés, quand on aura moins de mépris pour l'intelligence et les droits de la nation, quand on sentira qu'il appartient au pays de commander et au gouvernement d'obéir, ce jour-là peut-être on comprendra que les réunions politiques sont une des conditions essentielles de la liberté. C'est dans ces petites assises que l'esprit public s'éclaire et s'épure. Au choc des opinions, les idées fausses s'évanouissent, les idées justes sont obligées de prendre une forme saisissable; on fait à la fois, et d'un commun accord, l'éducation des citoyens et l'éducation du gouvernement.

Ce n'est pas tout que de faire des lois plus ou moins libérales; encore faut-il les respecter. C'est ici le côté faible de l'administration. Comme toutes les puissances infaillibles, elle est au-dessus de la justice et des lois; les sujets ont des devoirs, l'administration n'a que des droits et ces droits sont absolus..Quelques exemples montreront si cette assertion va trop loin.

La loi de la presse a maintenu le timbre sur les journaux politiques ; c'est une mauvaise mesure; le gouvernement, selon moi, en est la première victime; mais enfin c'est une mesure légale, une loi seule peut l'abolir.

Que fait l'administration ? Elle crée ou soutient deux journaux, le *Grand* et le *Petit Moniteur*, et elle les dispense du timbre. C'est violer la loi de la presse qui ne fait d'exception pour personne; c'est priver le trésor d'une recette légale, c'est donner un soufflet de plus à ces éternels principes de 1789, qui proscrivent les priviléges et proclament l'égalité devant la loi.

Par quelle raison essaye-t-on de justifier ce mépris de la loi? C'est, dit-on, que le gouvernement publiant ces journaux, le timbre serait une fiction. Le ministre de l'intérieur payerait le timbre au ministère des finances, et le ministre des finances payerait la dépense du timbre au ministre de l'intérieur. On rembourserait d'une main ce qu'on recevrait de l'autre. Quoi de plus simple que d'éviter un circuit inutile?

Je réponds qu'il y a quelque chose de plus simple : c'est de respecter les lois. Le procédé suivi par l'administration empêche la Chambre de voir le fond des choses et la dessaisit du contrôle qui lui appartient. Je suppose le *Grand Moniteur*, se publiant à

50,000 exemplaires, et maintenu au prix actuel de quarante francs : si le ministère le faisait timbrer conformément à la loi, la Chambre verrait que le gouvernement fait une perte sèche de 2,500 francs par jour, ou de 900,000 francs par an. C'est là une grosse somme que perd le trésor ; encore faudrait-il que la Chambre ratifiât un tel abandon.

Mais, dira-t-on, il y a ici une illusion. Si nous faisions payer le timbre aux abonnés du *Moniteur*, le journal n'aurait pas deux mille souscripteurs ; le trésor n'y gagnerait rien. Nous ne lui faisons donc aucun tort.

A cet argument deux réponses :

D'abord, où prenez-vous ces cinquante mille abonnés que vous alléchez par le bon marché? Parmi les citoyens. Si vous n'étiez pas là, il y aurait des journaux, ministériels ou autres, qui se partageraient entre eux vos souscripteurs. Or, ces journaux payent le timbre. C'est donc un tort très-réel que vous faites au trésor, et sans qu'aucune loi vous y autorise.

Prétendrez-vous que c'est le bas prix du *Moniteur* qui lui donne cette multitude d'abonnés ; direz-vous que le prix des autres journaux, c'est-à-dire 48 ou 56 francs, suffirait pour faire disparaître les souscripteurs?

Mais alors, si le bon marché est la cause unique de la prospérité du journal, comme ce bon marché est le résultat d'une exemption d'impôt, de quel droit créez-vous un monopole, sans une décision du

Corps législatif? Une dispense d'impôt est quelque chose d'étrange et de contraire à tous nos principes financiers, mais celui-là seul a droit de dispenser de l'impôt qui le paye ou qui le vote. Il n'y a pas de loi qui donne un pareille privilége à l'administration.

La Chambre, dit-on, votera tout ce qu'on lui demandera. — Cela est possible, mais personne n'en sait rien. Il y a un très-gros principe engagé dans cette question qu'on traite si légèrement. Si le *Moniteur* était simplement le recueil officiel des actes du Gouvernement et des débats des Chambres, rien de plus juste que d'en faire une publication à bon marché, et s'il est possible un supplément adopté par tous les journaux; mais le *Moniteur* est un journal, avec des écrivains en titre, une rédaction abondante et largement payée; on n'épargne rien pour séduire le lecteur. C'est donc une concurrence faite aux autres journaux dans les conditions les plus inégales et les moins constitutionnelles. L'administration, qui est faite pour être contrôlée, s'attribue un privilége, afin de ruiner, s'il le peut, ceux qui la contrôlent; elle les combat avec l'argent qu'elle leur fait payer. Je ne crois pas qu'en aucun pays on trouve une pareille ignorance ou un pareil dédain des premières notions de justice ou de liberté.

Ajoutez que ces journaux sont des entreprises particulières, des priviléges que le gouvernement adjuge à prix débattu. On parle d'une redevance de plus de deux cent mille francs par an, destinée à rétribuer la rédaction qui reste entre les mains de l'autorité. En d'autres termes, l'administration vend des dispenses d'impôts et des monopoles; elle donne à ses favoris une prime annuelle qui, pour les deux *Moniteurs*, peut s'élever à plus de 1,500,000 francs, afin de les mettre en état d'envahir le marché, et d'écraser ceux qui payent un impôt énorme pour user du droit de parler à leurs concitoyens. Quelle est la loi qui autorise un tel abus financier, une aussi criante violation des principes de 1789? Il n'y en a point. S'il y en avait une, le Sénat serait obligé d'en empêcher la promulgation, car cette loi porterait atteinte à l'égalité civile et menacerait la propriété privée.

S'il n'y a pas de loi qui justifie la conduite de l'administration, si, au contraire, toutes les lois politiques et financières la condamnent, comment se fait-il qu'elle agisse aussi hardiment? La réponse est facile; l'administration est au-dessus des lois.

Second exemple. L'administration prétend que la voie publique lui appartient, et elle assimile les gares de chemin de fer à la voie publique. Sur ce point une distinction est nécessaire. La propriété de la voie appartient à l'État ou à la Compagnie, les citoyens en ont la jouissance, l'administration en a la police; rien de moins, rien de plus.

Maintenant l'administration laisse élever des kiosques ou de petites boutiques sur les boulevards et dans les gares; elle en a le droit, et, dans le cas d'encombrement ou de danger, elle pourrait supprimer ce qu'elle a établi. Jusqu'ici nulle difficulté. Mais l'administration ne s'en tient pas là. Dans quelques-unes de ces boutiques on vend des journaux; l'administration s'attribue le droit d'admettre ou d'exclure certains journaux. Quelle loi invoque-t-elle pour colorer cet arbitraire? Aucune. C'est en vertu de son droit de police sur la voie publique qu'elle règne dans ces boutiques qui sont, il est vrai, matériellement assises sur la voie pnblique, mais qui légalement ne font pas plus partie de la rue que les maisons qui la bordent. Est-ce qu'un vol fait dans un kiosque ne serait pas un vol fait dans un lieu habité? Est-ce qu'on peut commettre une effraction sur la voie publique? Et peut-on soutenir sérieusement que c'est pour protéger la circulation publique qu'on interdit de vendre le *Figaro* dans les boutiques situées à droite du boulevard, tandis qu'on le vend librement dans les boutiques situées à gauche? Non; en tout ceci, c'est le bon plaisir de l'administration qui fait la loi, comme au beau temps de M. de Sartines. — Et pourquoi les marchands dépouillés ne réclament-ils pas? — C'est qu'ils ont une concession précaire; il faut un brevet pour vendre des journaux sans crainte d'être inquiétés; ces pauvres gens n'en ont pas. Ils sont les serfs de l'administration, en attendant qu'un jour la liberté les affranchisse, en faisant rentrer la librairie dans le droit commun.

Dernier exemple. La loi de 1868 interdit les réunions publiques dans les cinq jours qui précèdent l'élection; elle ne s'occupe pas des réunions privées.

Des citoyens louent une salle, ils invitent par lettres leurs amis ou coreligionnaires politiques; est-ce là une réunion permise, est-ce, au contraire, une réunion défendue?

Admettons le doute. Dans un pays libre, c'est à la justice qu'il appartiendra de prononcer. Un procès-verbal constatera le fait, un tribunal l'appréciera. Ce n'est pas ainsi qu'on procède en France. En vertu de son privilége d'infaillibilité, l'administration ne peut jamais avoir tort; elle se fera justice par ses propres mains. On sommera la réunion de se dissoudre, on emploiera des soldats, on fera naître le désordre même dont on se plaint. Il y aura des citoyens blessés, du sang répandu, qu'importe! force restera à l'administration. — Et si par hasard la justice devait donner plus tard raison aux citoyens? — Qu'est-ce que cela peut faire à l'autorité? Est-elle responsable? Et n'aura-t-elle pas toujours fait sentir aux patriotes trop ardents qu'il faut s'inquiéter de l'administration plus que de la loi? De bonne foi, s'y prendrait-on autrement si l'on voulait rendre le pouvoir odieux et démoraliser le pays?

On nous parle toujours du respect que les Anglais ont pour la loi. Je le crois sans peine. En Angleterre la justice fait plier l'administration, en France l'administration est au-dessus de la justice; les tribunaux ne sont pas faits pour elle. Qu'une même loi oblige les ministres et les particuliers, que les mêmes magistrats les jugent, je réponds que les Français seront heureux et fiers de s'incliner devant la justice et devant la loi. Mais nous n'en sommes pas là. Si un Anglais ou un Américain lit cette page, il s'étonnera que je perde mon temps à défendre une vérité aussi claire; mais si un ministre français me fait l'honneur d'ouvrir mon livre à ce passage, il ne sera pas loin de me considérer comme un novateur de la plus dangereuse espèce. Demander que la loi fasse passer son niveau sur toutes les têtes, c'est pousser à la ruine de l'arbitraire; il n'y a qu'un séditieux qui ose attaquer ainsi les glorieuses traditions de notre belle patrie.

Et cependant j'espère qu'un jour j'aurai raison, même dans mon pays. L'écluse est ouverte, le flot marche, on ne l'arrêtera pas de longtemps. Quand ce programme a paru, il y a cinq ans, j'ai vu des gens qu'effrayait la hardiesse de mes demandes. S'ils veulent bien me relire, peut-être seront-ils étonnés de ma modération. C'est qu'aujourd'hui la liberté est dans l'air et qu'elle échauffe les esprits les plus réfractaires. Dans tous les cas, ces nouveaux convertis verront que sur plus d'un point le gouvernement a adopté les solutions que je défends, sans que l'ordre public en ait été aucunement ébranlé. On ne s'en tiendra pas là, je les en avertis; la pièce que j'ai écrite, on la jouera tout entière, les réformes que j'ai indiquées, on les fera tôt ou tard. Pourquoi? C'est, je ne me lasserai pas de le répéter, c'est qu'il n'est pas une de ces réformes qui soit de mon invention; j'ai rassemblé les usages des peuples libres, j'ai montré quelles étaient les conditions de la liberté chez toutes les nations chrétiennes et civilisées. Quand l'Angleterre, les États-Unis, la Suisse, l'Italie, la Belgique, la Hollande, vivent sous l'empire des mêmes institutions; quand l'Autriche, éclairée par ses désastres, demande à la liberté sa régénération et son salut, quand l'Espagne écrit sur son drapeau ce programme universel, resterons-nous longtemps à l'écart, en compagnie de la seule Russie? Cela ne se peut pas. Il faut être aveuglé pour s'entêter dans la résistance et l'immobilité. Quand on a vu un chemin de fer marcher pour la première fois en Angleterre, on a pu, sans présomption, annoncer à l'Europe que bientôt elle serait couverte de ces réseaux merveilleux; quand on voit aujourd'hui les écoles d'Amérique transformer et civiliser un peuple entier, effacer la distinction du riche et du pauvre, du bourgeois et de l'ouvrier, multiplier le travail, le bien-être et la moralité, permettre enfin à la nation de se gouverner elle-même, et en connaissance de cause, on peut prédire, à coup sûr, qu'en France l'école deviendra bientôt une institution politique, et que son budget, accepté de tous et voté d'enthousiasme, rivalisera avec celui de la guerre, s'il ne le remplace pas, ce qui assurément vaudrait mieux. Dans la Chambre, dans l'administration, et même ailleurs, cette assertion paradoxale étonnera tous ces honnêtes gens, qui croient que le monde a été créé le jour de leur baptême, et qui s'imaginent qu'une vérité n'existe que le jour où ils l'aperçoivent. Ils ont une théorie admirable pour glorifier leur ignorance. Ce qu'ils ont fait hier pour étouffer une vérité qu'ils reconnaissent aujourd'hui, ou une liberté qui leur fait faute, c'était sagesse; le jour de cette vérité ou de cette liberté n'était pas venu; il y a, croient-ils, des moments où l'erreur est salutaire, où l'arbitraire est protecteur. Espérons que la session de 1869 et surtout les élections avanceront l'éducation de ces politiques prudents. Puissent-ils enfin sentir que les vrais révolutionnaires sont ceux qui, en ne refusant jamais rien au pouvoir, le livrent à toutes les tentations, et exposent le pays à tous les hasards, tandis que les vrais conservateurs sont ceux qui défendent pied à pied la paix, l'économie et la liberté.

Aujourd'hui ces libéraux de la onzième heure en sont arrivés à désirer le gouvernement parlementaire. Les voici revenus à la veille de 1848. C'est un progrès sans doute, mais je les avertis qu'ils sont de vingt ans en retard. Le peuple français veut plus que cela, il ne faut pas s'y tromper.

Quand on a accusé le régime parlementaire de favoriser les intrigues et les coalitions de quelques ambitieux, quand on a dit que subordonner le gouvernement à la Chambre c'était sacrifier le droit et la liberté des citoyens à l'intérêt de quelques coteries, tout était-il faux dans ces reproches? Non, sans doute, il y avait un fond de vérité mêlé à beaucoup de passion. Autrement, comment expliquer que le pays ait laissé tomber avec indifférence un système qui lui ait assuré la pleine satisfaction de ses désirs. Rétablir le régime parlementaire serait un progrès, sans doute, mais il ne faut pas croire que si demain les ministres étaient pris dans la Chambre, les vœux de la démocratie seraient remplis. Depuis vingt ans l'opinion a marché, il s'est fait un grand changement dans les idées; ce que la France veut aujourd'hui, ce n'est pas la forme et l'apparence, c'est la substance même de la liberté. Suppose-t-on que ce peuple d'ouvriers qui arrive à la vie politique, et avec lequel il faut compter, soit désarmé à si peu de frais? S'imagine-t-on que les paysans qui peu à peu sentent l'importance du suffrage universel soient fort touchés de ce qui se passera à Paris. Ce serait une illusion fâcheuse et qui ne durerait pas longtemps. Que le Corps législatif exerce sur l'administration un contrôle effectif, rien de mieux, mais cela ne suffit pas. Il faut à chaque citoyen la pleine jouissance de ses droits. Le temps de la centralisation est passé, et la démocratie n'est qu'un mot si elle n'est pas la souveraineté de l'individu. Séparation de l'Église et de l'État, pleine liberté d'enseignement, éducation gratuite, écoles à profusion, liberté d'association et de réunion, libertés municipales et départementales, entière liberté industrielle et commerciale, enfin et par-dessus tout, la presse indépendante et à bon marché : voilà ce que demande et ce qu'attend aujourd'hui tout Français qui depuis vingt ans a réfléchi. J'ajoute : Voilà ce que depuis longtemps je réclame au nom de la justice, pour en finir avec les agitations stériles, la violence des partis et la folie des réactions. Voilà ce qui, à défaut de talent, recommande mon petit livre; c'est le résumé de l'expérience acquise dans les pays libres, c'est le programme de la démocratie moderne, c'est le manuel du citoyen.

Glatigny-Versailles, novembre 1868.

TABLE DES MATIÈRES

APPENDICE.

FIN DE LA TABLE.

Paris. — Imprimerie Viéville et Capiomont, rue des Poitevins, 6.

www.ingramcontent.com/pod-product-compliance
Ingram Content Group UK Ltd.
Pitfield, Milton Keynes, MK11 3LW, UK
UKHW031831260826
14628UKWH00001B/334

9 782013 355292